.

城市轨道交通工程
可行性研究项目管理

梁敏之　曹明华　张　涛◎著

暨南大学出版社
JINAN UNIVERSITY PRESS

中国·广州

图书在版编目（CIP）数据

城市轨道交通工程可行性研究项目管理/梁敏之，曹明华，张涛著. —广州：暨南大学出版社，2023.12
ISBN 978 - 7 - 5668 - 3811 - 7

Ⅰ.①城…　Ⅱ.①梁…②曹…③张…　Ⅲ.①城市铁路—铁路工程—工程项目管理
Ⅳ.①U239.5

中国国家版本馆 CIP 数据核字（2023）第 224400 号

城市轨道交通工程可行性研究项目管理
CHENGSHI GUIDAO JIAOTONG GONGCHENG KEXINGXING YANJIU XIANGMU GUANLI
著　者：梁敏之　曹明华　张　涛
···

出 版 人：阳　翼
统　　筹：黄文科
责任编辑：曾鑫华　彭琳惠　盛　超
责任校对：刘舜怡　梁安儿
责任印制：周一丹　郑玉婷

出版发行：暨南大学出版社（511443）
电　　话：总编室（8620）37332601
　　　　　营销部（8620）37332680　37332681　37332682　37332683
传　　真：（8620）37332660（办公室）　37332684（营销部）
网　　址：http：//www.jnupress.com
排　　版：广州尚文数码科技有限公司
印　　刷：广州市友盛彩印有限公司
开　　本：787mm×1092mm　1/16
印　　张：9.5
字　　数：220 千
版　　次：2023 年 12 月第 1 版
印　　次：2023 年 12 月第 1 次
定　　价：45.00 元

（暨大版图书如有印装质量问题，请与出版社总编室联系调换）

前　言

　　随着我国新型城镇化的持续发展，轨道交通作为大运量、快速、准时、环保的公共交通工具，在缓解城市交通压力、促进城市经济发展等方面，越来越体现出出色的效率和重要的作用。截至 2022 年年底，中国大陆地区已有 55 个城市开通城市轨道交通运营线路 308 条，运营线路总长达 10 287.45 千米。截至 2022 年年底，实施城市轨道交通线网建设规划的城市共计 50 个，在实施的建设规划线路总长 6 675.57 千米（不含统计期末已开通运营线路）。预计"十四五"后三年城市轨道交通仍处于比较稳定的快速发展期，根据现有数据推算，"十四五"期末城市轨道交通运营线路规模将接近 13 000 千米，运营城市有望超过 60 个，城市轨道交通运营规模持续扩大，在公共交通中发挥的骨干作用更加明显。

　　建设项目的前期研究，特指总体设计之前的各阶段研究，对比设计阶段（总体设计、初步设计、施工设计）工作，前期研究体现出宏观性、整体性、决策性的研究特点。[①] 轨道交通项目是集土建、机械、电气、车辆、自动控制、通信、环境控制等多个学科门类于一体的复杂系统工程。轨道交通建设项目的前期研究工作，通常分为线网规划、建设规划[②]、工程可行性研究三个阶段。某些情况下，针对个别项目，也可根据特定需要开展线路项目建议书和预可行性研究工作。在所有前期研究工作阶段中，工程可行性研究阶段工作涉及的项目最为繁多、流程最为多样。

　　为使相关轨道交通前期项目管理工作经验不断沉淀、方便相关工作人员在工作中参考查阅、帮助相关人员不断优化工作方法以提高工作效率，我们特组织编写了此书，望能起到些许抛砖引玉的作用。

　　本书主要针对城市轨道交通线路在开展可行性研究工作中涉及的项目，重点记述了各个项目的开展目的（作用）、委托要求、报批条件和组织流程。鉴于前期研究的项目成果质量对设计乃至实施工作都有非常重要的影响，本书也适当地描述了各个项目的质量管理要求的若干关键点。但请读者注意，本书所提到的质量要求并非该前期研究项目质量管理

[①]　刘迁. 国内城市快速轨道交通项目前期研究的发展 [J]. 地铁与轻轨，2003（2）：1 - 5.

[②]　《国务院办公厅关于加强城市快速轨道交通建设管理的通知》（国办发〔2003〕81 号）要求拟建城市不再编制单独线路的项目建议书，改为编制建设规划，明确远期目标和近期建设任务，以及相应资金筹措方案。

要求的全部。同时，虽然编写小组尽可能将可行性研究阶段中涉及的所有项目归入书中，但各个线路的特点和需求毕竟有所不同，因此某些项目在本次编制时暂未收录，如相关配套技术专题项目、交通衔接专题项目、车辆选型专题项目、行车组织专题项目、主变电站（110 kV）选址选线项目等。

　　本书编制时正值我国简政放权、提高社会效率之际，很多项目在报批流程上有审批权限继续下放、审批流程继续简化等趋势，且各城市在具体流程上会有些许细节上的不同，目前国家也正在推广工程建设项目审批制度的改革工作。有鉴于此，本书仅以目前已有的报批工作总结为基础，在阐述项目报批流程时，尽可能做到有根有据、全面覆盖、涵盖最新流程要求等，同时适当保留了简政放权前一些项目的做法，其主旨不外乎使查阅者知晓所以然，进而对新阶段轨道交通线路相关工作的优化创新有所帮助。

　　由于时间仓促，不足之处在所难免，望各位读者指正。

著者

2023 年 5 月

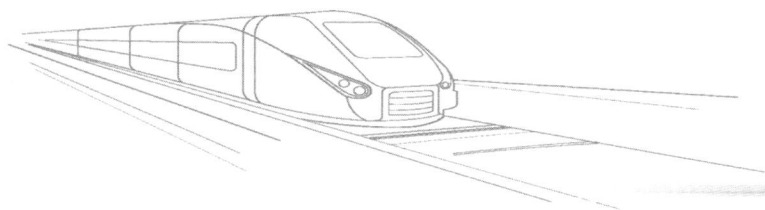

目　录
CONTENTS

第一章

什么是可行性研究

一、 可行性研究的简要定义

顾名思义，可行性研究就是研究项目是否可行，为如何启动、实施和运营项目，甚至提前为项目的退出机制作出决策。一般情况下，项目的可行性由技术、资金、市场状况决定。除了这三个基本因素外，如果项目需要配备特殊的人力、装备、物资、土地、能源等条件，这些条件也会成为可行性研究的重要内容。简而言之，可行性研究对项目的启动、实施、运营进行全周期、全方位的考量。理论上，所有主要的项目利益相关者都会被纳入可行性研究内容之中。

二、 可行性研究的重要功能

2004 年 7 月 16 日国务院印发的《国务院关于投资体制改革的决定》（国发〔2004〕20 号）第三条第四点："对于政府投资项目，采用直接投资和资本金注入方式的，从投资决策角度只审批项目建议书和可行性研究报告……"

2023 年 3 月 23 日印发的《国家发展改革委关于印发投资项目可行性研究报告编写大纲及说明的通知》（发改投资规〔2023〕304 号）第一条："可行性研究是投资决策的核心环节，加强投资项目可行性研究是提升投资决策科学化水平的必然要求。"第二条："可行性研究报告编写大纲适用于我国境内各行业各类投资项目的可行性研究工作，是投资项目决策的重要依据。"

以上体现了可行性研究工作的一个重要功能：投资决策。

后文为简便叙述，根据语境一般将"可行性研究"简称为"可研"。

三、 可研制度在中国的发展

（一） 新中国初期的建设工作程序

中华人民共和国成立后，学习苏联的建设经验，实行计划管理。其基本建设流程主要为计划任务书、初步设计、施工、竣工验收四个阶段。计划任务书获得政府批复后，列入国家基本建设年度计划，相关资金、人力、设备等均需按照计划供应。虽然其中关于规划的协调性、建设的自主性有很多不足，但对于中华人民共和国成立初期那个亟须稳步发展的时代来说，还是起了很大的作用。

1951 年 3 月，中央财政经济委员会（中财委）颁发了《基本建设工作程序暂行办法》，这是中华人民共和国成立后第一个全国性基本建设管理办法，对基本建设程序大致阶段作出规定：计划的拟订及核准；设计工作包括初步设计、技术设计、施工详图设计，依次进行；施工；中间检查、验收交接。

1952 年 1 月 9 日，中财委对《基本建设工作程序暂行办法》进行修订，颁布了《基本建设工作暂行办法》。该办法要求在进行设计以前，应先调查研究，提出计划任务书并经批准后，方得开始设计。[①]《基本建设工作暂行办法》规定了"两下一上"计划管理办法：由中财委自上而下逐级颁发年度基本建设投资控制数字，然后由建设单位自下而上在控制数字范围内编报基本建设计划，最后自上而下下达审批。《基本建设工作暂行办法》同时还规定了各级机关或部门审批的权限，并以投资额作为划分标准。

1954 年成立国家建设委员会，承担基本建设计划实施的职能。

1954 年成立了由财政部领导的中国人民建设银行并在全国设立了分支机构，负责基本建设资金的拨付和监督使用，强化了基本建设投资拨款制度。[②]

1978 年 4 月，国家计委、建委、财政部联合颁发了《关于基本建设程序的若干规定》，明确规定了四个阶段：编制计划任务书，选定建设地点；批准后，开展勘察设计；初步设计经过批准，列入国家年度计划后，组织施工；最后竣工验收。

1979 年国家计委和建委又在《关于做好基本建设前期工作的通知》中引入了开工报告制度。

（二）固定资产投资概念

我国在很早就使用"基本建设"这个概念。"基本建设"一词，最早见于斯大林 1926 年 4 月 13 日《关于苏联经济状况和党的政策》一文。原文写道："要在新技术基础上革新我国工业，就需要大宗的、极大宗的资本。可是我们的资本很少……今年我们对工业基本建设这一事业大约只能投资八亿多卢布……这是我们对我国工业第一次较大的投资。"

---

① 1952 年，地方政府相继颁发基本建设工作程序补充规定。如 1952 年 10 月 15 日安徽省人民政府财政经济委员会第三次例会通过的《安徽省一九五二年基本建设工作程序的若干补充规定（草案）》，明确了各行业新建工程需依次开展计划任务书、初步设计、技术设计等工作。
② 此时正处于工商业、手工业社会主义改造阶段。

20 世纪 70 年代，对基本建设投资规模最为敏感的是中国人民建设银行。① 这是因为中国人民建设银行经管了全国的基本建设投资和更新改造资金，掌握了充分的数据。1979 年，中国人民建设银行通过全面计算，第一次使用了"固定资产投资"这个更加广泛的概念来衡量全国建设投资规模。1981 年第五届全国人民代表大会第四次会议上的《政府工作报告》中提出："今后用于固定资产的投资，要把基本建设和技术改造的资金统一安排使用。"从 1982 年起，国家决定编制包括基本建设和技术改造的统一的固定资产投资计划。从此，"固定资产投资"这一概念和术语开始在中国的官方文件中正式取代了"基本建设"一词。

那么，改变名称的意义何在呢？

基本建设管理不仅包括资金（投资）管理，还包括设计施工及物资等方面的管理。投资及投资管理只是基本建设的一个构成要素。基本建设管理要解决的核心问题可以理解为：如何使用好由财政而且主要是由中央财政支出的基本建设投资，使其达到预期目的。基本建设管理体制实际上就是围绕如何管好用好财政的基本建设支出设计的。只要考察一下基本建设管理体制的内在关系，这一点就很容易理解。例如，为什么对基本建设实行计划管理？为什么要把建筑安装过程也纳入基本建设管理体系？原因很简单，财政预算本身就是一个计划制订和实施的过程，只不过由于计划涉及的是整个社会经济发展，因此需要一个专门制订计划的机构，而这一计划的制订和实施又需要一系列条件。其中项目投资额的计算就是按照计划定额制定的，包括建筑安装工作量和它所需要的资金量也是这样确定的。如果不把建筑安装过程也纳入计划管理体系，基本建设计划管理的目标就可能落空，财政资金也就达不到预期的目的，因为无论是设计过程还是施工过程所依据的各项定额指标实际上都是指令性计划的一个基础性组成部分。②

固定资产投资管理，从概念上说应该到项目和项目预算确定阶段就基本结束了，并不包括对项目本身建设的管理，也不承担相应的责任。事实上，改革开放以来国家的计划管理越来越偏重于对投资的计划管理，而对建设过程的计划管理则在逐步弱化。

是否对某项目进行投资，则需对项目提前进行全方位考量。在此原因和背景之下，项目建议书和可研制度便逐步走入了人们的视线。

（三）可研制度引入中国

1979 年，联合国工业发展组织可行性研究处处长勃伦斯应邀来华举办了第一期可研培训

① 1951 年 2 月，中国人民银行指定交通银行兼办基本建设投资拨款，确定把按计划及时供应资金和监督专款专用作为交通银行的任务。1954 年成立了国家建设委员会，承担基本建设计划实施的职能；同年成立了由财政部领导的中国人民建设银行，并在全国设立了分支机构，负责基本建设资金的拨付和监督使用。
② 汪同三. 中国投资体制发展道路 [M]. 1 版. 北京：经济管理出版社，2013.

班。随后，学习可研的热潮兴起，越来越多的专家学者建议把可研纳入基本建设程序。

1981 年 1 月，国务院颁发《技术引进和设备进口工作暂行条例》，规定利用外资和引进技术项目需要编报项目建议书和可研报告。

1982 年 2 月 26 日，国家计委和建委发出《关于缩短建设工期、提高投资效益的若干规定》，提出："基本建设项目上项目之前一定要认真负责、精心细致地进行可研和技术经济论证。"（注：这个规定并没有将可研工作纳入决策程序）

1982 年 3 月 26 日，中国煤炭开发总公司和美国西方石油公司岛溪煤炭公司签订协议书，决定合作编制开发山西平朔矿区安太堡露天煤矿的可研报告。这是我国改革开放后首次公开进行这方面的工作。当时的国务院副总理康世恩出席了签字仪式，体现了我国政府对可研工作的重视。

1983 年 2 月 2 日，国家计委《关于建设项目进行可行性研究的试行管理办法》规定，国内项目也试行项目建议书和可研报告，并明确可研是建设前期工作的重要内容，是基本建设程序的组成部分。虽然这是试行管理办法，但毕竟是第一份将可研纳入基本建设项目决策程序的正式文件。

1984 年 8 月，根据改进计划体制的精神，国家计委发布了《关于简化基本建设项目审批手续的通知》，明确所有项目实行项目建议书和设计任务书两阶段审批，同时废止了 1979 年提出的开工报告制度①，并规定利用外资和引进技术项目以可研报告代替设计任务书。《关于简化基本建设项目审批手续的通知》还明确规定："凡列入长期计划或建设前期工作计划的项目，应该有批准的项目建议书。"② 至此，正式确立了项目建议书是投资建设程序的组成部分。

1987 年，国家计委颁布了《建设项目经济评价方法与参数》第一版。至此，可研和经济评价进入项目投资建设的法定程序。这项成果是在吸收和借鉴联合国工业发展组织、世界银行和发达国家在发展中国家援建项目可研、项目评价和投资管理经验基础上，结合中国国情，形成的制度和规范。

此后，国家各部委先后发文，对各自管辖范围内的建设项目可研分别进行了详细的规定。

1991 年 12 月，《国家计委关于报批项目设计任务书统称为报批可行性研究报告的通知》提出，由于国内投资项目的设计任务书和利用外资项目的可研报告二者内容和作用大致相同，为了规范建设程序，将二者统称为"可行性研究报告"（简称"可研报告"），取消"设计任务书"的名称。这一通知标志着我国可研进入规范化轨道。

1992 年中共第十四次全国代表大会上确立"建立社会主义市场经济体制"的改革目标。

---

① 两阶段程序在 20 世纪 90 年代初期改为三阶段程序：项目建议书、可研报告和开工报告。到 2004 年时，又改回两阶段程序。

② 这一条也说明了官方认可项目建议书具有长期计划性的特点。

（四）可研引入中国的意义

从名称上来看，设计任务书含有国家下发任务、下级机构被动接受的隐藏意义，缺少了主动性和主控性；而可研意味着下级机构主动提出项目（项目建议）后，对该项目进行全方位的考量，从技术、经济等各角度探讨研究的必要性和可行性，在此基础上将研究结论上报国家审批，下级机构则有相对较大的主动性和主控性。

从计划体制改进或改革的角度来看，设计任务书具有浓烈的苏联计划经济体制色彩，它是由计划任务书发展而来的，虽强调了设计的作用和地位，但仍是自上而下下达任务。设计任务书下达后，项目所需相关资源、技术、设备、资金、人力等需要按照计划拨付，不适应灵活的市场需求，这也是为什么可研制度的引入是由利用外资项目或引进技术项目发端并发展而来的。

（五）目前我国的建设管理程序

目前，我国基本建设程序的主要是五个阶段：项目建议书阶段、可研阶段、设计工作阶段、建设准备和实施阶段、竣工验收和后评价阶段（如果将设计任务书和可研等同看待的话，相比中华人民共和国成立之初，在改革开放初期，四个阶段多了一个项目建议书阶段）。

项目建议书具有长期计划性[①]，可研具有五年计划性[②]，建设实施具有年度计划性[③]。不过，在快节奏和简政放权的时代背景下，项目建议书的长期计划特性越来越不明显了，这种长期计划性在未来也许会被某种区域或行业的规划文件或战略文件所取代。而一个具体工程的建设工期（如城市轨道交通项目）恰好为 5 年左右。

通常我们所说的前期研究工作是指从提出项目建议书到批准可研报告这一时期，包括提出项目建议书、可研、评估和决策等工作内容。这一阶段被称为投资项目的决策阶段。

（六）项目建议书阶段

项目建议书，顾名思义即提议建设某一项目。它是投资决策前对拟建项目的轮廓设想，是投资主体向国家有关部门提出的针对某个投资建设项目需要进行可研的建议性文件。它主要从宏观上考察项目建设的必要性，看其是否符合国家长远规划的方针和要求，是否符合国家宏观经济政策，特别是产业布局等的要求；同时初步分析项目建设的条件是

---

① 1984 年 8 月国家计委《关于简化基本建设项目审批手续的通知》还明确规定："凡列入长期计划或建设前期工作计划的项目，应该有批准的项目建议书。"

② 在计划经济管理体制下，批准的计划任务书是制订五年计划的一个组成部分，从这个意义上来说，可研具有五年计划性。

③ 根据 1978 年 4 月 22 日国家计委、建委和财政部联合颁发的《关于基本建设程序的若干规定》，初步设计经过批准，列入国家年度计划后组织施工。

否具备，是否值得投入人力、物力。项目建议书可以看作寻找投资机会的分析报告。

项目建议书不是项目的最终决策。项目建议书要提出项目建设的必要性，初步设想项目的方案、规模，分析项目的外部条件（资金条件、土地条件、技术水平条件、资源供应条件等），预估项目的经济效益（市场潜力和长期需求情况的摸查、投资效益的初步评估）。至于项目的技术标准、规划条件、土地落实、项目收益和现金流等，能初步解决最好，复杂些的可留待可研阶段进一步详细分析论证。

中国人民大学财政金融学院副教授和宏明等人认为："项目建议书是国家选择项目的依据。国家投资计划最终要落实到一个个具体项目上。国家对项目，尤其是大中型项目的比选，初步确定又是通过审批项目建议书来进行的。项目建议书的审批过程实际上就是国家对所建议的众多项目进行比较筛选、综合平衡的过程。"①

按照上述内容，如果一个项目已经通过国家或地方政府同意列入工作计划，那么就可以等同视为项目建议书已获得批复，相关的可研工作便可据此开展。②

（七）可研报告

可研，即对项目在技术上是否可行和经济上是否合理进行科学的分析和论证，对工程建设活动进行最终的项目选择决策。

和宏明等人认为："我国是实行市场经济体制的社会主义国家，国家宏观调控对经济运行有着重要的影响，国家在制订长期经济发展规划和行业、地区规划时已经根据经济和社会发展的需要和建设条件的可能做出了投资机会的选择，可行性研究工作只要在此基础上进一步开展即可。"③

由此可见，可研是指在项目投资决策之前，调查、研究与拟建项目有关的自然、社会、经济、技术资料，分析、比较可能的投资建设方案，预测、评价项目建成后的社会经济效益，并在此基础上，综合论证项目投资建设的必要性、财务上的营利性和经济上的合理性、技术上的先进性和适用性以及建设条件上的可能性和可行性，从而为投资决策提供科学依据。

可研重点要对拟建项目进行投资方案规划、工程技术论证、经济效益预测、组织机构分析，一般需经过多个方案的比较和评价，最终形成推荐方案。

可研报告与项目建议书（机会研究）的主要区别在于：

（1）研究任务不同：项目建议书（机会研究）初步选择项目，主要考察项目的必要性和可能性，即寻找投资机会；可研报告进行全面深入的技术经济分析论证，通过多方案的比较，确定最佳的推荐方案。

---

① 和宏明. 投资项目可行性研究与经济评价手册［M］. 北京：地震出版社，2000.
② 理论上如此，但实际操作层面仍需根据当地政策而定。
③ 和宏明. 投资项目可行性研究与经济评价手册［M］. 北京：地震出版社，2000.

（2）基础资料和依据不同：项目建议书（机会研究）主要依据宏观环境，焦点聚集在项目外部条件；可研报告则会在详细研究外部条件的同时，更加仔细地分析项目内部条件，如把更详细的设计资料和其他数据作为编制依据。

（3）内容繁简和深度不同：与项目建议书（机会研究）相比，可研报告内容更繁杂、更有深度，尤其在技术标准、经济评价、经营管理等项目内部条件方面。为配合更详细的技术标准、经济评价内容，可研报告市场调查也会更加详细谨慎。

（4）投资估算精度要求不同：一般建设项目投资估算在项目建议书（机会研究）阶段，误差允许范围为 ±30% 或者 ±20% 以内；由于存在更详细的技术标准，在可研报告阶段，误差允许范围为 ±10% 以内。[①]

（5）配套支撑材料不同：一般建设项目在项目建议书（机会研究）阶段，仅需附带市场初步调查报告、地点初选报告及意见等；在可研报告阶段，需附带详细的市场调查报告、地址选择报告及批复、地质勘察报告、各相关预评价项目报告、环境影响评价报告等。[②]

（八）新时代新要求

2023 年 3 月 23 日国家发展改革委印发了《国家发展改革委关于印发投资项目可行性研究报告编写大纲及说明的通知》（发改投资规〔2023〕304 号），在其附件《编写说明》中明确提到：可研工作应坚持以"三大目标、七个维度"为核心内容。三大目标为建设必要性、方案可行性、风险可控性。其中，建设必要性应从需求可靠性维度进行研究；方案可行性应从五个维度进行研究，分别是要素保障性、工程可行性、运营有效性、财务合理性、影响可持续性；而风险可控性应从各类风险管控方案维度着手研究。

笔者认为，新要求强化了可研工作的地位，丰富了可研工作的内容，加大了要素保障和风险控制在可研工作中的分量，重申了盈利能力或债务清偿能力分析工作的重要性。

四、　建设项目特点 （可研阶段）

（一）城市规划与用地

在建设工程如火如荼的当代中国，很多情况下，人们常说的可研报告专指建设项目可研报告。与其他非建设项目相比，建设项目的可研报告内容有很多特别的内容，其中一条便是建设项目必须落地。因此关于土地的相关政策对建设项目可研影响很大，投资决策过程中相关利益冲突也大多集中在土地资源上。

---

① 关于估算误差，城市轨道交通项目另有最新的政策规定。
② 简政放权后，略有差别。

如果土地所有者或使用者各自为政、盲目建设，整个城市就会缺乏协调性，而公共设施的不足、不畅或者对自然资源（山、湖、河、绿植等）以及人文资源（如文物等）的破坏等会反过来影响和制约土地所有者或使用者的活动。为使城市（城乡）效率更大化，历史过程中自然诞生了"城市规划"这门学科，随着法律制度的完善，相关规划法律体系也随之诞生。每个国家的规划法律名称和内容不尽相同，但其主旨殊途同归。中国规划法规体系的主干法是《中华人民共和国城乡规划法》。因此，项目在前期研究时必须获得该规划法认可。

另外，由于中国实行社会主义制度，土地不能私有，工程上相关问题就是土地的属性与征用。《中华人民共和国土地管理法》第二条规定："中华人民共和国实行土地的社会主义公有制，即全民所有制和劳动群众集体所有制。全民所有，即国家所有土地的所有权由国务院代表国家行使。"第九条规定："城市市区的土地属于国家所有。农村和城市郊区的土地，除由法律规定属于国家所有的以外，属于农民集体所有；宅基地和自留地、自留山，属于农民集体所有。"第十条和第十二条规定了所有权和使用权分离原则。建设项目落地过程中，主要涉及四类土地利益相关者：国有土地的所有者、国有土地的使用者、集体土地的所有者、集体土地的使用者。

建设项目工程可研工作过程中，协调土地的利益相关者成为重中之重。

（二）建设项目的经济因素

除商品房、商业大厦、工厂之类的建设项目具有纯商业利润之外，大部分的建设项目属于具有公益性质的基础设施建设项目，而基础设施建设项目除需考虑现金回流外，还需考虑社会综合效益，市场因素则较为多元化和长期性。因此，这类建设项目的经济评价主要在于经济合理性而不单纯是经济利润之高低。但是当采取 PPP 方式进行建设和运营时，情况就会复杂一些。由于逐利本性，社会资本需要讲求经济利润。

（三）建设项目的投资一般较大

建设项目属于固定资产投资建设，对资金需求量很大，而其市场因素回报率低，对资金的占用较为长期。因此，基础设施建设项目大部分属于政府投资、政府购买或补贴下的资本合作。

（四）归属不同的行业归口管理部门

基础设施建设项目涉及水、电、气、油、通信、公路、铁路、交通、航空、冶金、化工、建工等各行各业，根据目前我国的经济体制，不同类型的建设项目归属不同的行业归口管理部门，其立项工作由各自所属部门管理。相关建设标准、审批流程乃至资金支持均不同，尤其是涉及多行业交叉的项目，所需协调工作更多。

五、 城市轨道交通建设项目特点 （可研阶段）

城市轨道交通属于线性工程，用地属于交通设施用地，主要沿现有道路或者规划道路敷设。目前的建设模式下，客流预测是其市场因素的主要衡量指标，对城市布局的支持是其市场因素的主要考量，投资规模动辄百亿元，属于重大市政工程，主要由各城市政府筹集资金（或出资本金），其立项工作（近期建设规划）归属国家发展改革委审批（住建部会签）。

同时，因城市轨道交通很多沿城市建成区敷设，沿线所经利益相关者复杂多样，工程协调性较为繁杂和困难。一般城市轨道交通的可研报告都会征询文物、园林、水务、供电、人防、交委、公安消防等相关部门的意见（或在审查会议上听取部门意见），同时调查相关建（构）筑物基础，提前协调工程衔接或避让尤为重要。

虽同属于线性工程，但城市轨道交通相对于公路等工程，其技术复杂度凸显。除土木工程外，它还涉及能源（供电）、车辆、轨道（主要涉及减振）、信号、通信、通风、控制中心以及车辆基地等多专业，相关技术问题需要配合协调。

土地消耗量较大，尤其是车辆基地。假如每千米线路配 A 型车 1 对共 12 辆，按照规范标准，10 千米线路的车辆基地用地多时可达 12 公顷。

能源消耗较大，以电力为主，一般线路一年消耗上亿千瓦时，其中列车牵引涉及一半耗电量，列车牵引与通风空调一共约占总能耗的八成。但轨道交通属于大运量交通方式，若按照运输的客流量分摊，则能耗水平属于低水平（城市轨道交通属于公认的节能环保的交通运输方式）。

轨道交通的客流 OD 矩阵是其重要特点。单纯地以总客运量或者高峰小时断面客流量为判断依据并不能使工程设计达到最优。详细预测客流的各时段 OD 分布，具体分析客流的出行时段、运距、性质是选择工程设计标准的最重要、最基础的技术依据。从设计角度来看，客流预测成果是技术因素；从决策角度来看，客流预测成果又属于市场因素。

六、 可研咨询制简史

以世界银行为例，项目管理一般分为五个步骤：项目选定（据此制订计划）、项目准备（可研等资料）、项目评估、贷款谈判签约、项目总结。第三个步骤的项目评估即是中国可研咨询制的参考来源。

1981 年，中国国际经济咨询公司成立，业务包括管理咨询、战略咨询、工程咨询、商务咨询等领域。

1982 年，中国国际工程咨询公司①成立，按照"先评估、后决策"的原则，对国家计委管辖的限额以上大中型建设项目进行项目评价。从此，咨询评估纳入政府投资决策的程序。

其后，中国建设银行、中国工商银行、中国银行和中国农业银行相继成立了专门的咨询机构。如中国建设银行成立了中国投资咨询公司，对贷款项目进行评估。各级政府投资决策部门也相继成立了专门的投资（工程）咨询机构。

1984 年，国务院相继出台《国务院批转国家计委关于工程设计改革的几点意见的通知》和《国务院关于改革建筑业和基本建设管理体制若干问题的暂行规定》，规定工程咨询公司可从事建设前期工作的经济技术咨询、可研②、项目评价等工程咨询业务工作。

20 世纪 90 年代，随着经济体制改革和投资体制改革的进一步深化③，国家计委成立了中国工程咨询协会，深化实行投资项目咨询资质制度。

---

① 1985 年 7 月，为实现国家建设项目决策程序的科学化和民主化，经国务院批准，中国国际工程咨询公司（以下简称"中咨公司"）改为相当于国务院总局级单位；1998 年 7 月，根据党中央、国务院"两个脱钩"的精神和投资体制改革的需要，国家对企业管理体制进行了重大调整，中咨公司与国家计委脱钩，划归原中央企业工委管理；2003 年 3 月，国务院国资委成立后，中咨公司划归国资委管理。

② 可研招标项目中的资质要求为：具有工程咨询资格的机构编制。不同项目资质等级要求不同，1994 年 4 月《工程咨询业管理暂行办法》规定了甲级、乙级、丙级。

③ 1998 年朱镕基总理上任之初，投资体制改革被列为其任期内的五项改革之一，并被列在第二位。

第二章

可研阶段前期项目策划

一、 综述

根据《国务院关于投资体制改革的决定》（国发〔2004〕20号）及其相应的《国家发展和改革委员会关于印发国家发展改革委核报国务院核准或审批的固定资产投资项目目录（试行）的通知》（发改投资〔2004〕1927号）、《国务院办公厅关于加强城市快速轨道交通建设管理的通知》（国办发〔2003〕81号）、《国家发展改革委关于加强城市轨道交通规划建设管理的通知》（发改基础〔2015〕49号）和《国务院办公厅关于进一步加强城市轨道交通规划建设管理的意见》（国办发〔2018〕52号）等，城市轨道交通工程建设项目的前期研究（即立项决策工作）分为近期建设规划和工程可研报告两个阶段。

城市轨道交通可研阶段前期项目策划也应注意项目管理的三大要素：时间、质量、成本。以可研报告顺利获得政府部门审批为最终目标[①]，通过分析达到该目标所需配套支撑子项目或子任务，结合各子项目或子任务之工作衔接关系，统筹考虑进度安排、委托方式、控制价以及管控成本。

同时，城市轨道交通作为交通工程，具有一般建设工程所不具备的上位规划前提，即轨道交通线网规划（被要求纳入城市总体规划和城市综合交通规划[②]，其中城市总体规划经过2019年的多规合一改革改为国土空间规划[③]）和近期建设规划[④]，因此在项目启动可

[①] 可将完成该目标视为质量要素，因为可研不仅为获得政府批复，而且要在批复前的各次评估中接受技术性审查，同时在实际工作中，可研为政府和公司在工程项目的决策上提供参考，也为后续设计、实施、运营、管理等提供依据。

[②] 根据国家标准《城市轨道交通线网规划标准》（GB/T 50546—2018）1.0.3条："城市轨道交通线网规划应与城市总体规划、城市综合交通体系规划协调一致，并纳入城市总体规划。"该条文说明明确了在城市总体规划编制时，统筹研究发展城市轨道交通的必要性，确需发展的，应同步编制线网规划。条文说明还提到，线网规划是城市综合交通体系规划的组成部分，是城市总体规划的专项规划。三者应保持一致。

[③] 2019年5月23日印发《中共中央 国务院关于建立国土空间规划体系并监督实施的若干意见》。

[④] 城市轨道交通的近期建设规划在建设程序上属于项目建议书环节。该政策要求始于《国务院办公厅关于加强城市快速轨道交通建设管理的通知》（国办发〔2003〕81号）。

研工作策划时，尤其需要注意在上位规划中该线路工程的交通功能、规模等输入条件。

二、 输入条件梳理

通常，我们会针对一条线路进行可研阶段的前期研究项目工作策划。这是因为每条线路的输入条件情况都会有所不同。我们把输入条件划分为如下几个类别：

（1）上位规划条件。①

①线路的功能定位。功能定位有很多种，如骨干线路、结构性线路、快线、快慢线、市郊线路、组团线路、城区加密线路等。功能定位对最终的系统选型有决定性作用，但即便已有线网阶段资源共享专题研究成果（车辆选型专题），也并不意味着系统选型在规划阶段已完全稳定，需要结合客流预测结果和行车组织等方案进一步研究深化。尤其需注意的是，关键线路功能定位的调整可能会改变线网结构。

②线路起终点、走廊或路由的稳定性。② 某些线路（段）在具体走廊上具有唯一性，但某些线路（段）则需要根据具体情况进行线路优化比选，尤其是遇到不可逾越之障碍、沿线相关市政或民用工程方案协调、环境敏感点规避、文物古迹规避、军事禁区规避、保护区（风景、水源、生态）规避、沿线拆迁工作、工程实施方案优化、交通组织与影响、沿线地质勘察情况、相关工程造价优化等。不应随意改变建设规划方案的线路的起终点，但若因实施可行性（拆迁、地质、周边构筑物或车站折返线设置等）、服务范围优化、周边城市规划更新配合、周边交通衔接优化等因素影响，起终点可进行方案优化。

③枢纽或换乘节点的稳定性。规划线网中已综合考量了线网之间的换乘点布局或综合交通枢纽衔接方案，个别已建车站甚至预留了规划线路车站的接口条件，可研阶段中应继承该换乘方案或衔接方案。若因各种因素需要进行线路调整，导致换乘效率过低或无法换乘，也需进行比选论证。但比选论证的着力点应从线网层面（或综合交通角度）出发，论证对线路的功能定位的影响（某些线路本身定位为换乘纾解线路，如环线定位为："改善原线网的换乘条件，提高线网的整体性"），论述相关换乘客流需求的解决方案。

---

① 上位规划条件指线网规划和建设规划。通常情况下，线网规划由市规划部门牵头，地铁建设单位（即业主）配合，开展研究工作，并上报市政府、市人大审定；建设规划由地铁建设单位牵头，市规划部门配合，开展方案研究和报告编制工作，并按程序报国家相关部门审批。

② 根据《城市轨道交通工程项目建设标准》（建标 104—2008）第五条："城市轨道交通线网（远景）规划是第一道工序，⋯⋯线网规划的基本目标：达到'三个稳定——线路走向和起终点稳定、线网换乘点稳定、交通枢纽衔接点稳定；两个落实——车辆基地和联络线的功能定位及其规划用地落实；一个明确——各条线路的建设时序明确'的基本目标。并以此为基础，做好预可行性研究报告和可行性研究报告。"

④线路车站分布的稳定性。[1] 由于可研阶段的工作更深一步，关于车站选址分布需进一步进行布设研究。在规划阶段对车站的布设及车站周边客流服务的覆盖范围之考量应在可研阶段中予以继承，如无法继承也应给予充分说明，尤其是在规划区域获得明确支持而布设的车站方案或规划阶段经过公示按咨询意见布设的车站方案，如在可研阶段进行大幅度调整（如距离服务对象超过步行可达范围），易引起舆论而陷入被动。因此，不应仅将车站工程实施方案是否可行作为决定车站选址位置的单一因素。同时，就线路整体而言，车站分布涉及行车效率，进而影响线路的功能定位。由此，车站的布设更不应随意而为。通常成熟老城区车站间距小有利于扩大服务覆盖范围；郊区新城区车站间距不宜过小，且具体站位设置需要确定的城市规划予以支持。

⑤敷设方式的稳定性。一般情况下，可研阶段影响敷设方式的变化有如下因素：城市规划变化、区域地质条件恶劣[2]等。

⑥资源共享专题成果。线网资源共享能够大大节省相关建设费用，它要求线路之间对某些设施进行共享建设，如主变电站、综合通信（含控制中心）、车辆基地、集中供冷、换乘布局、隧道通风、行车信号等。其中主变电站、控制中心、车辆基地三者的综合效益影响最明显。在实际工作中，尤以车辆基地和主变电站的选址方案对可研工作影响最大，需格外重视、重点落实。

⑦近期建设规划专家组评估意见和国家发展改革委批复意见（含建设时机和建设规模）。

（2）规划阶段土地利用调整专题报告和沿线土地储备（如有）。[3]

---

① 根据《国家发展改革委关于加强城市轨道交通规划建设管理的通知》（发改基础〔2015〕49号），"对于因城市规划、工程条件等因素影响，基本走向、敷设方式发生重大变化，线路长度、车站数量、直接工程投资（扣除物价上涨因素）超过建设规划批准规模的15%以上，或提前开工规划项目，以及投资模式发生重大变化，需将规划调整方案报我委审批"。2018年《国务院办公厅关于进一步加强城市轨道交通规划建设管理的意见》（国办发〔2018〕52号）："城市轨道交通线路功能定位、基本走向、系统制式等发生重大变化的，或线路里程、地下线路长度、直接工程投资（扣除物价上涨因素）等较建设规划增幅超过20%的，应按相关规定履行建设规划调整程序。"

② 虽然根据《国家发展改革委关于加强城市轨道交通规划建设管理的通知》（发改基础〔2015〕49号）最新要求，建设规划阶段开展地质灾害风险分析报告，但由于地质富于变化，规划阶段地质调查细致度不够可能会导致可研阶段对地质情况的重新认识。在个别线路（段）中，甚至可能会出现为确保方案可行而在可研阶段将地质勘察做到初勘或详勘深度的情况。

③ 根据《城市轨道交通线网规划标准》（GB/T 50546—2018）9.1.1条：城市轨道交通线网规划应对线路区间、车站、车辆基地及控制中心、主变电所等其他设施提出用地控制原则与要求，为城市轨道交通建设提供用地条件。相应条文说明更加明确"用地应在城市控制性详细规划中落实"，条文说明还强调了用地控制的重要性："城市轨道交通工程是城市重大基础设施项目，一些城市在建设城市轨道交通工程项目时，由于没有预留用地，带来巨额拆迁费用。对城市轨道交通设施提出用地控制原则和要求，是城市轨道交通线网规划编制工作的主要任务之一，目的是预留与控制城市轨道交通设施的用地条件，以减少拆迁工程，节约工程建设资金。"

（3）规划阶段环评报告批复和审查意见。

（4）规划阶段文物保护意见。

（5）规划阶段地灾评价成果。

（6）资源共享研究专题报告。

（7）规划阶段交通一体化专题报告。

（8）规划阶段社会稳定分析评估成果。

三、 目标拆解

按照以往可研报批的经验，可研报批涉及 17 个以上的子项目（不包括配套技术性专题项目、防洪条件调查等），每个子项目均需要相应承包商完成或获得政府部门批文。

最直接也最容易的目标拆解方法是将拆解出的分目标等同于上述各个子项目。如果我们把各个子项目看成职能部门的任务，那么这种拆解方法在理论上即按职能部门的横向分解，将目标项目分解到有关职能部门，这种分解方式构成了目标的空间体系（纵向为管理层次，本文假设为扁平化）。但如果仅仅注意空间体系的目标拆解，并不是一个最为有效的拆解方法，因为它忽视了时间体系，不利于整体进度控制。因此，目标分解也应同时根据目标实施进度，将上述各个子项目按照对其他同级子项目进度有影响的阶段性工作（或本项目进度的关键节点）进一步分离出来，我们将这种目标拆解方式视为全面拆解。

轨道交通前期研究目标任务拆解详细目录见表 2-1。请注意该表如下特征：

（1）涉及公众公示的子项目为线路站位方案报批、环境影响评价报告报批、社会稳定风险分析与评估。

（2）流程环节较为复杂的子项目为环境影响评价报告报批、用地预审。

（3）工作量最不确定的子项目为用地预审。如涉及压覆矿产①，则需办理采矿权转让手续；如涉及农用地，则需完成占补平衡方案和调规手续等。

（4）外部因素影响最大、对可研报告方案影响最大的子项目为环境影响评价报告报批。如风亭风井的设置方案涉及车站平面布置甚至影响站位调整；减震措施影响结构方案和投资估算；保护区避让和文物古树等保护方案影响站位调整等。

（5）工作流程上，用地预审和选址意见书共同拥有编制《用地规划方案》至《选址意见复函》获批的环节。②

（6）一般情况下环境影响评价项目涵盖文物保护方案和水土保持。但若涉及重大文物

---

① 《中华人民共和国矿产资源法实施细则》第三十五条规定，建设单位在建设铁路、公路、工厂、水库、输油管道、输电线路和各种大型建筑物前，必须向所在地的省、自治区、直辖市人民政府地质矿产主管部门了解拟建工程所在地区的矿产资源分布情况，并在建设项目设计任务书报请审批时附具地质矿产主管部门的证明。

② 因城市政策而异，有些城市将该环节的用地预审和选址意见书合并办理。

的保护工作时，文物保护方案需要单独编制并报批；个别情况下，需要单独编制水土保持方案并单独报批后，才能使环评项目顺利获批。

（7）各子项目之间的衔接关系见表2-2。

表2-1　轨道交通前期研究目标任务拆解一览表

序号	空间体系	时间体系	关键节点或对其他项目有影响的节点	备注
1	线路站位方案	编制报告、公司内审、上报市规划部门、受理公示、征询区意见、市规划部门协调会（含咨询部门咨询意见）、市规划部门审查、批前公示、市规划部门批复	受理公示、征询区意见、市局协调会	本项工作通常为可研报告编制单位承担，一般不单独委托
2	可研报告	编制可研初稿、公司内审、上报市投资主管部门、预评估、上报市政府、上报省投资主管部门、专家评估、省投资主管部门批复	上报市投资主管部门、上报省投资主管部门、专家评估	
3	客流预测	收集资料（城市规划、土地利用、人口和岗位、5年之内的居民出行调查、道路交通流量调查等）、建模、预测成果数据、分析成果数据、编制报告、公司内审、全国专家审查	预测成果数据	
4	控制网测量与地形图修测	确认测量范围、控制网测量（图根点布设及加密，作为各碎部测量的起算点）、碎部测量（实测碎部点，并扩展至碎部其余各点）、数据处理及拼接、地形图的编制输出（即数字化测量和缩编地形图1∶500和1∶2 000）、编制成果报告、现场检查、业主验收	数据处理及拼接、地形图的编制输出（1∶500和1∶2 000）	1. 控制网测量项目可在线网阶段委托进行 2. 图根导线测量可以和碎部测量同步进行

（续上表）

序号	空间体系	时间体系	关键节点或对其他项目有影响的节点	备注
5	地质选线勘察	确认勘察范围和布孔方案、收集相关资料（地形地貌、区域地质、既有钻孔等）、钻孔、取样、实验、编制钻孔柱状图、绘制纵断面图（水平1∶5 000，垂直1∶200）、编制报告（含岩土参数）、现场检查、业主验收	绘制纵断面图（水平1∶5 000，垂直1∶200）	
6	地下管线调查	确认调查范围、管线调查与测量、管线图编制（1∶500 地形图）、编制成果表和调查报告、现场检查、业主验收	管线图编制（1∶500 地形图）	
7	房屋基础调查	确认调查范围、现场调查、建（构）筑物图件（1∶500 地形图）和基础坐标统计表、编制统计表和调查报告、现场检查、业主验收	建（构）筑物图件（1∶500 地形图）	又名建（构）筑物基础调查
8	主变电站（110 kV）选址选线	确认供电需求（近远期供电线路和主变容量）、现场调查电源（主变电站选址用地和周边 220 kV 变电站情况）、确定接入系统方案（专线接入变电站或 T 接两站间线路）、大件设备运输路径、建设规模（含对侧扩建规模）与平面布置（含进出线布置）、编制报告（含投资估算）、业主验收		服务商需要熟悉掌握本地区变电站规划运营情况。有些地区不要求做主变电站（110 kV）选址选线项目，而是要求直接做主变电站（110 kV）工程可研项目，内容相似，深度要求略高一些

（续上表）

序号	空间体系	时间体系	关键节点或对其他项目有影响的节点	备注
9	环境影响评价报告	收集资料（线路站位、车辆选型、车站布置、车辆基地布置与检修工艺、通风与给排水、主变电站布置、工法选择、水文地质、地质灾害评估等）、现场踏勘、敏感点摸底、文物古树摸底、各类保护区（自然、水源、生态、风景、农田等）摸底、核定影响范围、第一次公示（评前公示）、公众参与（个人与团体问卷调查）、听证会（如需）、确定技术输入条件（列车振动源强、风亭冷却塔噪声源强、主变电站噪声源强、固定噪声源强、施工机械噪声值、污水排放量、固体废物排放量）、环境现状监测（风水声振电）、环境影响预测、编制报告（线路站位及主变电站措施、车辆基地措施、风亭冷却塔措施、敷设方式意见、轨道减震措施、废弃物处理措施、措施费用、经济损益分析等）、公司内审、第二次公示（报审前公示）、上报审批部门、专家评估、批前公示、省市生态环境部门批复	敏感点摸底、文物古树摸底、各类保护区（自然、水源、生态、风景、农田等）摸底、第一次公示（含问卷调查）、编制报告（各种环评措施）、第二次公示、上报审批部门	1. 重点关注声环境敏感点（针对风亭和冷却塔等）、振动环境敏感点（针对轨道和车辆等）、生态敏感点（针对线路走向和敷设方式等） 2. 根据最新环评要求，增加地下水专项论证
10	节能报告	收集资料（建设方案与用能设备）、分析项目用能（措施前后）、能源供应情况、能效水平评估、编制节能评估报告（报告表、登记表）、公司内审、上报市投资主管部门、上报省投资主管部门、咨询公司评估、省投资主管部门批复	编制报告、咨询公司评估	

（续上表）

序号	空间体系	时间体系	关键节点或对其他项目有影响的节点	备注
11	社会稳定风险分析与评估	收集资料（规划选址方案、征地拆迁方案、环境保护评价、实施方案、地质灾害评价、运营管理方案等），公众咨询（问卷调查），分析合法、合理、可行、可控（单风险敏感点分析），判断综合风险值，提出防范及化解措施，编制分析报告，公司内审，上报市投资主管部门，咨询公司评估，出具评估报告，上报市政府，市政府批复	服务商开展公众咨询、编制分析报告、咨询公司出具评估报告	
12	地质灾害危险性评估	收集资料（线路站位及主要设施选址、线路纵断面图及车站里程和埋深、地质纵断面图、沿线岩土特征和工程地质条件）、划分评估级别和确定评估范围（就轨道交通而言，委托前已可确定）、灾害预测（含灾种判断和评价要素选取）、综合分区评估、防治措施、编制报告、公司内审、专家审查、申请备案、自然资源部门或地灾协会备案	编制报告、专家审查（有些省市要求报地灾协会备案）	
13	卫生学预评价报告	收集资料（车站选址与布置、通风空调系统、照明系统、车辆与机电系统）、编制报告、专家审查	编制报告、专家审查	
14	安全预评价报告	收集资料（线路站位、工程方案、工程地质、地灾评价、环境影响、地震评价）、识别危险因素、评价有害因素、提出措施、编制报告、专家审查	编制报告、专家审查	
15	职业病危害预评价	收集资料（线路站位、工程方案、运营组织方案等）、编制报告、专家审查	编制报告、专家审查	

（续上表）

序号	空间体系	时间体系	关键节点或对其他项目有影响的节点	备注
16	用地预审	编制《用地规划方案》（绘制用地控制边线，统计用地总规模）、上报《用地规划方案》至市规划部门、相关区意见（如需）、市规划部门专家审查、市规划部门批复《选址意见复函》、编制《土地利用规划调整及实施影响评估方案》（如需）、专家评估《土地利用规划调整及实施影响评估方案》（如需）、《土地利用规划调整及实施影响评估方案》公告公示（如需）、《土地利用规划调整及实施影响评估方案》听证会（如需）、上报《土地利用规划调整及实施影响评估方案》至区或市自然资源部门调整用地指标（如需）、市级用地预审初审意见、逐级核查市级省级矿产压覆并完成矿产不压覆证明、编制《压覆重要矿产资源储量评估报告》（如需）、专家评审《压覆重要矿产资源储量评估报告》（如需）、《压覆重要矿产资源储量评估报告》省自然资源厅备案（如需）、压覆矿产权转让及补偿协议手续（如需）、省自然资源厅批复用地预审	批复《选址意见复函》、自然资源部门调整用地指标（如涉及农用地）、完成矿产不压覆证明或压覆矿产权转让手续、市级用地预审初审意见、省自然资源厅批复用地预审	工作不确定性因素： 1. 是否占用农用耕地 2. 是否压覆矿产资源
17	选址意见书	编制《用地规划方案》（绘制用地控制边线，统计用地总规模）、上报市规划部门、相关区意见（如需）、规划部门专家审查、批复《选址意见复函》、收集资料（环评、地灾、文物保护等方案报告）、编制《规划选址论证报告》、上报省建设厅、省厅核发《选址意见书》	批复《选址意见复函》、编制《规划选址论证报告》	

（续上表）

序号	空间体系	时间体系	关键节点或对其他项目有影响的节点	备注
18	其他配套性技术专题、防洪条件调查等	具体因项目而异		

表 2-2　轨道交通前期研究各子项目关系一览表

序号	子项目名称	开展前提（整体项目内部）	备注
1	线路站位方案		整体项目工作的起点
2	可研报告	1. 线路站位方案稳定或获得批复 2. 客流预测 3. 控制网测量与地形图测量 4. 地质选线勘察、地下管线调查、房屋基础调查	
3	客流预测		
4	控制网测量与地形图修测		
5	地质选线勘察	线路站位方案稳定或获得批复	3~7 项为可研报告编制的技术基础资料
6	地下管线调查		
7	房屋基础调查		
8	主变电站（110 kV）选址选线	路由稳定	与可研略有互动（投资估算）
9	环境影响评价报告	1. 线路站位方案稳定或获得批复 2. 可研报告初步稳定方案，尤其是系统选型稳定 3. 地质选线勘察、文物等保护区保护方案	与可研有较大互动（环保措施与投资估算）
10	节能报告	1. 线路站位方案稳定或获得批复 2. 可研报告初步稳定方案，尤其是系统选型稳定	与可研略有互动
11	社会稳定风险分析与评估	1. 线路站位方案稳定或获得批复 2. 可研报告初步稳定方案 3. 地质灾害评价初步成果 4. 环境影响评价初步成果	与可研略有互动

（续上表）

序号	子项目名称	开展前提（整体项目内部）	备注
12	地质灾害危险性评估	1. 线路站位方案稳定或获得批复 2. 线路站位纵断面图 3. 地质选线勘察成果资料	与可研略有互动 线路站位纵断面图处在线路站位批复和可研报告初步稳定方案之间
13	卫生学预评价报告	1. 线路站位方案稳定或获得批复 2. 可研报告初步稳定方案	与可研略有互动
14	安全预评价报告	1. 线路站位方案稳定或获得批复 2. 可研报告初步稳定方案 3. 地质选线勘察成果资料	与可研略有互动
15	职业病危害预评价	1. 线路站位方案稳定或获得批复 2. 可研报告初步稳定方案	与可研略有互动
16	用地预审	线路站位稳定或获得批复	与可研略有互动（当出现无法协调农用地指标、无法协调周边工程关系、无法协调相关地块使用者意见等情况时，有较大互动）
17	选址意见书	1. 线路站位方案稳定或获得批复 2. 地质灾害评价初步成果 3. 环境影响评价初步成果 4. 地震评价初步成果 5. 文物保护方案 注：依政策要求而变化	环境影响评价报告涵盖文物保护方案和水土保持评价 文物保护方案需单独上报文物部门
18	技术性专题研究	如系统选型、行车组织、投融资等	与可研有较大互动

四、 质量把控

前期研究工作的质量目标如下：

（1）将外部不稳定因素稳定下来，为项目设计、建设实施甚至运营争取有利环境。

（2）满足政府和业主公司对项目的经济效益要求、实施和经营管理要求，包括物业资源开发方案。

（3）满足政府对项目的社会效益要求（带动城市发展和提供公益设施服务，为市民提供低成本、高质量、高效率的交通出行服务）。

（4）满足各子项目的报告成果具体质量要求和报批要求，确保项目技术的先进性、合理性、经济性、合规性。

后两点可由前期研究工作项目管理者协调和各个审查环节把控，但前两点则主要由前期研究工作项目管理者通过协调项目所涉及的利益相关者来推动。关于轨道交通前期研究各子目标不稳定外部条件的梳理见表2-3。

表2-3　轨道交通前期研究各子目标不稳定外部条件梳理一览表

序号	子项目名称	外部不稳定条件	备注
1	线路站位方案	1. 市区镇各级规划意见（主要涉及路由通道、敷设方式、设站要求、车辆基地用地等） 2. 穿越国家风景区（市政园林局）、重点文物保护区（文广新局）、水源保护区（水务局）等 3. 土地利用规划障碍（涉及农用地、军事用地、河涌等） 4. 公众意见（主要涉及车站位置） 5. 拆迁困难［主要涉及拆迁规模和具体权属人的拆迁意愿，包括特殊性建（构）筑物如电塔等］ 6. 周边工程关系协调 7. 周边地块关系协调	
2	可研报告	1. 客流预测数据变化（因城市规划变化）导致系统选型、行车组织、配车方案变化 2. 地质条件的变化导致工法变化和线路变化，甚至影响敷设方式 3. 环境敏感点、环保措施导致线路变化 4. 施工场地要求	
3	客流预测	1. 沿线车站覆盖范围城市和土地利用规划稳定性 2. 沿线相关道路的交通流量调查数据准确性 3. 居民出行调查数据的准确性	外部条件均由服务商负责解决
4	控制网测量与地形图修测		
5	地质选线勘察		
6	地下管线调查		
7	房屋基础调查		
8	主变电站（110 kV）选址选线	变电站规划建设的变动	由服务商负责解决
9	环境影响评价报告	1. 公众调查 2. 敏感点、文物保护意见	

（续上表）

序号	子项目名称	外部不稳定条件	备注
10	节能报告	机电设备的市场供应情况	
11	社会稳定风险分析与评估	公众调查（与环评公众调查内容不同）	
12	地质灾害危险性评估	地质灾害现状调查、地质构造特点评价	
13	卫生学预评价报告		
14	安全预评价报告	重大外部安全风险源的调查与措施应对	
15	职业病危害预评价		
16	用地预审与选址意见书	1. 农用地摸查情况 2. 矿产压覆摸查情况	

对于前期研究项目管理者而言，上述前两点质量把控的关键点梳理如下：

（1）规划稳定是一切设计工作的前提。

因此，线路站位需要做到可研深度方案，即考虑到施工工法及施工场地需求，提前与市区规划部门（城市规划协调）、市住建部门（市政设施摸查与协调）、市政园林局（风景区摸查与协调）、市文物部门（文物摸查与保护）、市水务部门（水源保护区摸查与避让、河涌上盖或改道）、市区自然资源部门（土地利用尤其是农用地以及矿产资源①摸查）等沟通信息和交流意见，并现场摸查相关用地权属人情况，以便及早发现问题。另外，线路站位部分外部因素需要公示后才能得知，如线网规划阶段已有公示，则请注意前后方案变化衔接。

因在线网规划、建设规划和综合交通规划中已予以考虑，枢纽衔接点可视为上层规划稳定条件。但请注意，城市轨道交通主要在城市中穿行，建（构）筑物拆迁或重大基础设施避让是规划稳定的主要影响因素，该类问题与规划的综合考量是常态化的协调工作。同时，未来城市越来越重视管廊建设，跨越、下穿、平行管廊建设将趋频繁，与管廊关系的处理也将越来越多。

（2）车辆（含客流与行车组织）是稳定设计的核心。

虽然上层规划对线路的系统选型已有研究成果，但可研阶段的线路客流数据成果对系统选型仍有一定的影响，需在可研中予以重视。同时，可研阶段需要明确行车交路方案和配线设计，进而影响车站规模和站位布设协调。尤其要注意延伸线，延伸后的客流变化等因素可能会引起对该条线路既有车辆选型以及行车组织方案（含配线方案）的重新考量。

（3）线路的投融资模式对项目的运营可能产生较大的影响，涉及项目的最终建设目标，需要及时稳定下来。

（4）关于四大基础资料（地形图、地质、管线和房屋基础），前期研究单位（即可研

---

① 矿产资源核查在《选址意见复函》批复后正式启动，若选址和用地合并审批，则具体流程因城市而异。

单位）不应等待测量与调查单位完全出具成果后才开展研究工作，而应先行收集相关资料、摸查相关情况，对重大控制点的障碍摸查成绩①可列入对前期研究单位线路站位方案阶段的工作质量考核要求中，或根据成绩采取相应的奖励措施。例如，对于地形图、房屋基础项目而言，可将线路站位方案的拆迁量、较大型基础数量与可研报告阶段的位置、数量（线路无变化段）进行对比，其比值作为奖惩指标；对于地质、管线项目而言，由于调查对象隐藏性大，采取相应奖励措施则更为有效，如前期研究单位在线路站位方案阶段对地质重大特征、重大管线（廊）作出有依据的正确判断可给予奖励。

（5）客流预测应及早启动，且应包括重要线路站位方案比选的预测数据。但前期研究单位（即可研单位）应对车站位比选调整方案的覆盖范围进行调查并分析服务客流的变化。

（6）需要根据搜集到的区域地质条件和地质条件的大体概况，判断是否需要提早进行地质条件勘察（主要由业主判断）。

（7）前期研究单位（即可研单位）应对环境敏感点、文物、保护区和环保措施等具有一定的评估能力，以减少线路站位方案编制的反复。该类工作成绩应列入对前期研究单位线路站位方案阶段的工作质量考核要求中，鉴于此类摸查工作量较大，该类奖惩可根据难易程度分情况制定。如对于敏感点摸查工作成绩良好的，可给予适当奖励；对于因环境保护相关规范明文限制而重新调整布置方案（线路站位批复后）的，应给予适当惩罚措施。

（8）前期研究单位（即可研单位）应注意落实线路站位涉及的用地性质和权属，并编制示意图标明相关数据，使线路站位方案更具可实施性，也可为后期用地预审减少不必要的协调工作。该类摸查工作成绩应列入对前期研究单位线路站位方案阶段的工作质量考核要求中。鉴于落实该项工作不需过多的专业技能，对摸查情况不实尤其是农用地等摸查不实的，该类惩处可适当严厉些。

（9）前期研究单位（即可研单位）应在线路站位方案研究阶段，对车站周边覆盖范围内的居住和就业现状情况进行摸查，并编制示意图标明相关数据。

（10）越来越多的城市在开始城市轨道交通前期研究工作的同时，开展沿线场站土地综合开发规划工作，以期对城市轨道交通建设提供财力支持，对城市轨道交通运营提供一定的客流效益和现金流支撑。因此，上位线网规划和建设规划阶段的土地摸查工作成果需

---

① 可采用适当形式，如主要针对线路站位获批前的规划方案和获批后的可研报告中线路站位方案之障碍影响物考量等；同时鉴于拆迁量等核实工作较为详细，该类工作成绩可排除在考核范围之外。

要在可研阶段继续深化，进一步明确相关地块的开发业态、开发规模、开发实施计划等。[①]

综上所述，质量把控需要注意以下几个方面：

（1）规划协调、客流预测（对线路的运营负荷与交路设计的影响）是重中之重。上层规划的承接是对前期研究工作项目管理者的基本要求，管理者必须完全掌握线网规划中上述所提输入条件的规划意图和规划成因；同时规划方案的落地是规划方案管理监督的重点。在研究线路站位方案时，相关因素的调查详细度可体现前期研究单位对工作质量的追求程度。

（2）线路站位因涉及外部因素过多，且关系庞杂紊乱，很难一次性予以完全稳定，但又对后期子项目工作影响较大，因此除尽可能提前摸查线路沿线相关不稳定因素以外，工作策划时在必要情况下还可考虑对较为稳定的几个方案同步推进相关子项目研究工作。如此不仅有利于项目工作推进，还可在方案比选中充分考虑相关因素，避免后期实施中不必要的协调与沟通。

（3）公示应尽可能在相关因素调查充分、方案研究较为成熟后开展，避免被动。

（4）注重承包商的工作质量考核工作。尤其前期研究单位（即可研单位）的管理是承包商管理工作的重中之重，对其工作质量考核应给予极大关注。

五、　成本控制

前期研究工作的成本分为项目委托价格和管理成本两个部分。第一部分的费用在可研报告的投资综合估算表中摊入"工程建设其他费用"之"前期工作费"；第二部分的费用可摊入"前期工作费"，也可摊入"工程建设其他费用"之"建设单位管理费"。

（一）项目委托价格

每个子项目都需要委托相应资质（或资格）的承包商开展工作，其单个项目委托价格说明见表 2-4。需要注意的是，根据 2015 年 2 月 11 日《国家发展改革委关于进一步放开建设项目专业服务价格的通知》（发改价格〔2015〕299 号），与建设项目前期工作有关的咨询等服务项目全面放开服务价格，实行市场调节。因此，引入市场竞争将成为控制单个项目委托成本的主要方式。

[①] 从项目技术角度来看，场站综合体开发方案本身不是城市轨道交通项目的必须内容。但由于涉及城市轨道交通建设运营资金的平衡，很多城市会在开展城市轨道交通前期研究的同时，要求同步开展场站综合体开发方案。为此，这些城市的规划局和发展改革委在开展城市轨道交通线路站位报批、选址意见报批或用地预审等时，会大力支持沿线场站综合体开发方案的同步规划报批工作。

表 2-4　轨道交通前期研究各子项目委托价格说明表

序号	子项目名称		委托价格参考物	备注
1	线路站位方案		纳入可研报告的委托合同中	
2	可研报告		计价格〔1999〕1283 号文	
3	客流预测		市场	
4	控制网测量与地形图修测		《测绘工程产品价格》（2002）	
5	地质选线勘察		《工程勘察设计收费标准》（2002）	
6	地下管线调查		市场	
7	房屋基础调查		市场	
8	主变电站（110 kV）选址选线		市场	
9	环境影响评价报告		计价格〔2002〕125 号文 发改价格〔2011〕534 号文	
10	节能报告		市场	
11	社会稳定风险分析与评估		市场	
12	地质灾害危险性评估		市场	
13	卫生学预评价报告		市场	
14	安全预评价报告		市场	
15	职业病危害预评价		市场	
16	用地预审	《用地规划方案》	市场	
		《土地利用规划调整及实施影响评估方案》	市场	
		《压覆重要矿产资源储量评估报告》	市场	
		《压覆重要矿产资源价值评估报告》	市场	
		《压覆及补偿协议》	市场	
17	选址意见书（《规划选址论证报告》）		市场	

注：2015 年 3 月 3 日中国城市轨道交通协会发布的《城市轨道交通前期咨询工作收费指导意见》可作为较为详细的参考依据。

（二）管理成本

前期研究工作的管理成本主要由人力成本（包含日常办公）和项目运作成本（招标代理、项目评估或审查、成果检查及验收、项目间协调、合同管理等）构成。

人力成本主要与项目管理模式（组织措施）有较大关系，以较少的人力完成相关工作量，具体内容详见"七、组织措施"。项目运作成本与标段划分有较大关系，一般一条线路的项目委托分为三种情况：①所有子项目单独委托；②所有子项目打包成一个项目进行委托①；③部分子项目打包委托，部分子项目单独委托。相对于分别单独委托方式，总包方式在成本控制方面的益处是招标工作量、合同管理工作量（合同签订、合同款支付、合同结算、合同变更等）、成果验收工作量较少。因此，提出以下建议：

（1）对于同一类型服务商可承包的项目在策划中可考虑打包处理，以减少合同数量和合同相关管理工作量。

（2）紧密合作的项目尽量委托一个承包商打包委托，因为有以下好处：

①减少协调工作量。尽管存在某些项目承包商可能需要分包处理的情况，但该方式可将子项目间的协调工作量转由承包商承担②，进而减少业主的人力成本和项目运作成本，甚至可以降低资金支付迟缓对进度的影响。比如地形图测量等基础资料类项目、用地预审项目、选址意见书项目、节能报告项目、社会稳定风险分析与评估项目和可研报告项目可一并由可研单位承担。

②转移费用风险。由总承包人在投标前自行判断并承担地下管线调查项目、房屋基础调查项目，甚至类似于《土地利用规划调整及实施影响评估方案》《压覆矿产资源储量评估报告》《压覆矿产资源价值评估报告》项目的费用风险。③

③利于项目的费用控制。如可研报告总承包人是地形图测量项目的使用者，总承包人会在满足业主对可研报告质量需求的情况下，尽量缩小地形图修补测范围和减少需求。④

（3）打包委托处理要注意避免承包商过于强势，使业主失去对质量和进度的控制权。但一般可通过严格的合同条款、惩罚性措施进行约束。

（三）成本控制其他相关措施

（1）明确合同包干范围。在合理情况下，尽量降低合同研究范围变化引起费用变更的风险。

---

① 如果采用所有子项目打包成一个项目进行委托的方式，上述子项目中，相关专业性评价项目（视承包单位的能力而定）需要分包给有资质的单位完成。

② 该方式的提出源于公司管理理论中委外业务的优点："在激烈竞争环境中，企业无须诸事皆是自己所为，可将部分或全部商品或服务委托其他业者来经营管理，以提高其效率与效能，进而增加其市场竞争力。换言之，委外让组织能够专注于自己核心事业，而将非核心事业的业务，委托给专业的第三者来经营，以满足客户多样化要求，并且使得运作更具弹性。"而对于本建议来说，委外的内容是项目间的协调工作。

③ 该类项目均需根据项目前期研究工作过程中出现的相关情况进行委托和开展。如沿线是否有农用地或者涉及多少农用地？若沿线涉及多个压覆矿产，总承包商在批量分包委托时可以降低费用成本。

④ 业主可在项目完成后反思委托价格的合理性，进而更利于下一轮招标工作的费用控制。如果因审计等原因无法做到完全采用费用包干形式，则可以采取适当的奖罚措施，以激励总承包商减少不必要的地形图需求。

（2）对各种变更的可能性进行充分预测，明确约定相关变更条款，以避免费用的不可控。

（3）明确合同违规的惩罚性条款，以约束各承包商（服务商）严格执行合同约定任务。

（4）加强市场化竞争因素。引入更多的承包商，建立本单位的承包商管理库，详细记录各承包商的项目执行表现以及成果应用效果，适当时候可以额外给予相关奖惩，以利于市场化管理。

（5）从线路整体上审视各子项目的委托情况（即标段划分），尽量减少合同管理工作量。

（6）当同时开展多条线路的前期研究工作时，适当的打包处理将更加有利。

六、　进度管理

前期研究工作的进度管理较为困难。如前所说，前期研究工作的质量目标之一就是将外部不稳定的因素稳定下来。这目标本身就会给整体项目的进展带来极大的不确定性，进而增加进度管理的难度。为了便于分析，我们将前期研究工作的进度管理分为如下几个方面：

（1）子项目本身的开展进度需求（含委托、研究、报批）。①

（2）子项目相互之间前后置的关联。

（3）子项目之间存在相互影响的反复时间，如何预留该反复时间是项目策划的重点所在。

关于（1），相关的规范有参照指标，如《城市轨道交通工程项目建设标准》（建标104—2008）第八十三条约定了线网规划、项目建议书及预可研、可研等工作阶段的工作周期指标。具体各个子项目本身进度需求也因地区、承包商等而异。

关于（2），可参见表2-2轨道交通前期研究各子项目关系一览表。

关于（3），当将所有子项目的进度计划在横道图上标示以后，我们会发现某些项目即便出现一定程度的迟滞，却对最终拿到可研报告批文没有影响，因为这些项目处在非关键路径，也就是说，非关键路径上的项目具有较大或一定程度的时间弹性。反过来讲，处在关键路径上的项目是否迟滞将会影响最终目标的及时实现与否，即关键路径上的项目没有时间弹性。对于这些项目而言，要全面考虑影响进度的所有可能因素并进行预防。要做到这一点，就需要对进度横道图上纵坐标上的任务分类进行重新编制。

如果环境影响评价报告项目处在关键路径上，为避免该项目存在反复修改问题，我们

---

① 为关注整体项目进度协调发展，通常在策划工作中忽略项目获得批复（或取得有效成果数据）后的收尾处理时间。

可以分析并预测导致反复修改的因素：水源保护区的保护意见、文物保护意见、排污措施意见等；再者，如果用地预审处在关键路径上，导致迟滞的因素可能是轨道交通沿线有压覆矿产或农用地。那么，我们可以在任务分类增加如下内容：

（1）沿线各类保护区、文物和敏感点的摸查（含比选线路）。

（2）沿线排污条件的落实（含比选线路）。

（3）沿线农用地的摸查（含比选线路）。

（4）沿线压覆矿产的初步摸查（含比选线路）。

需要注意的是，增加任务分类需要结合线路情况特征来进行，排除那些可能性较小的因素。增加任务分类后，横道图的关键路径可能会发生变化，我们应该继续分析关键路径上的项目任务，重新对项目任务进行梳理、筛选、细化和增加。[①]

七、　组织措施

对于建设项目前期研究工作，各类组织措施的重点区别在于是否将子项目专业化（类职能化）或者线路立项任务化（类业务化）。

子项目类职能化，即指派专人专门负责某项专业子项目。如环评专员，所有线路的环境影响评价报告项目由环评专员负责。此类措施的优点在于细化分工，提高了专业化效率，尤其是在合同委托上，可提出较专业的任务要求；但缺点在于当同时开展多条线路时，对于本线路涉及的外部条件协调（如规划站位等）缺乏效率。

子项目类业务化，即指派专人负责一条线路的所有子项目。此类措施的优点在于负责人熟悉本线路的情况，可适当提前协调相关外部条件，提高线路立项工作效率；但缺点在于涉及专业较多，需要负责人加强学习，同时在合同委托上，相对类职能化任务要求偏软性。

通常情况下，子项目专业化不利于相互学习，易形成行政懒散现象。线路立项任务化有利于相互促进和工作创新。

八、　小结

轨道交通可研阶段前期研究工作需要认真梳理上位规划条件，协调外部不稳定因素，完成相关项目报批，其线路整体性不应割裂。本章通过对子项目的管理步骤、横向关系以及质量把控的关键点进行分析，提出了压缩进度的任务分解措施和项目成本的管控措施。

---

① 如果在线网规划和建设规划阶段提前进行了某些工作，则后期可研阶段的前期研究工作进度控制会相对容易些。

第三章

可研阶段前期项目委托工作总论

一、 可研阶段前期项目构成、 性质及项目间关系

（一）项目构成

轨道交通可研阶段的所有项目以满足可研报告编制的技术要求、报批支撑所需为核心，旨在对拟建工程的必要性、迫切性、外部环境、技术条件、建设规模、经济效益、综合社会效益等进行全面分析论证，考量建成运营期间的行车组织方案（含系统选型），充分评估建设过程中可能面临的约束节点、控制因素、施工方法、验收条件等主要问题，以对本建设工程投融资、建设、运营管理等起到纲领性指导作用。

轨道交通可研阶段的项目构成较为庞杂，涉及诸多专业，主要项目梳理情况见表 3 – 1。

表 3 – 1　可研阶段前期项目构成表

序号	项目名称	项目性质	项目技术目标	项目报批目标	报批依据	备注
1	可研报告	立项申请文件	全面技术经济可行性论证	省发展改革委批复	《国务院关于取消和下放一批行政审批项目等事项的决定》（国发〔2013〕19 号）	
2	节能报告	立项支撑文件	评估项目能耗水平，提出节能措施	省发展改革委批复	《中华人民共和国国家发展和改革委员会令》（第 6 号）	
3	社会稳定风险分析与评估	立项支撑文件	调查分析风险因素和风险点，征询群众意见，提出防范化解措施和风险等级建议	市政府批复	《国家发展改革委关于印发〈国家发展改革委重大固定资产投资项目社会稳定风险评估暂行办法〉的通知》（发改投资〔2012〕2492 号）	

（续上表）

序号	项目名称	项目性质	项目技术目标	项目报批目标	报批依据	备注
4	环境影响评价报告	技术性支撑文件	分析建设项目周边环境影响（风水声电振以及各类保护区），提出满足要求的环保措施和工法建议	由各省级环保部门明确审批权限	《关于发布〈环境保护部审批环境影响评价文件的建设项目目录（2015年本）〉的公告》（环境保护部公告2015年第17号）	
5	线路站位方案	立项支撑文件	明确线路路由、站点设置、车辆段（场）及主变电站等选址和用地规模	市规划部门批复	依据各地城市规划审批流程	
6	用地预审（《用地规划方案》报告）	立项支撑文件	明确建设项目拟选址情况、用地红线、拟用地总规模、拟用地类型，补充耕地初步方案	省自然资源厅批复	《建设项目用地预审管理办法》（国土资源部令第42号）	
6.1	压覆重要矿产资源储量评估报告	用地预审配套	探明储量，用于压覆矿产备案	各级自然资源部门备案	《国土资源部关于进一步做好建设项目压覆重要矿产资源审批管理工作的通知》（国土资发〔2010〕137号）	
6.2	压覆重要矿产资源价值评估报告	用地预审配套	根据探明储量评估压覆资源价值，用于签订补偿协议	—	《国土资源部关于印发〈探矿权采矿权评估管理暂行办法〉和〈探矿权采矿权评估资格管理暂行办法〉的通知》（国土资发〔1999〕75号）	
6.3	土地利用规划调整及实施影响评估方案	用地预审配套	用于占补平衡	各级自然资源部门	《建设项目用地预审管理办法》（国土资源部令第42号）	需听证会纪要

（续上表）

序号	项目名称	项目性质	项目技术目标	项目报批目标	报批依据	备注
7	选址意见书（《规划选址论证报告》）	立项支撑文件	论证工程沿线周边规划协调情况，包括环评、地灾、地震项目相关内容	省建设部门明确审批权限	依据各地城市规划审批流程	—
8	客流预测	可研编制基础资料	研究线路客流指标，如 OD 矩阵、客运量、集散量、换乘量、高峰断面等	—	—	专家审查
9	地形图修测	可研编制基础资料	沿线两侧 150 米范围 1：500 和 1：2 000 地形图	—	—	业主验收
10	地质选线勘察	可研编制基础资料	探明沿线场地地质条件，为线路方案比选提供地质依据	—	—	业主验收
11	地下管线调查	可研编制基础资料	探测沿线两侧 25 米车站边界 50 米范围的地下管线	—	—	业主验收
12	房屋基础调查	可研编制基础资料	探明线路两侧 30 米范围内建（构）筑物基础	—	—	业主验收
13	地震安全性评价	技术性支撑文件	明确抗震设防要求	省地震局	《中华人民共和国防震减灾法》、《地震安全性评价管理条例》、各省防震减灾规定、《中国地震局关于贯彻落实国务院清理规范第一批行政审批中介服务事项有关要求的通知》（中震防发〔2015〕59 号）	已不需由业主委托
14	安全预评价报告	技术性支撑文件	辨别安全风险因素并提出有效防治措施	省应急管理厅	《建设项目安全设施"三同时"监督管理暂行办法》《中华人民共和国安全生产法》《建设工程安全生产管理条例》	—

（续上表）

序号	项目名称	项目性质	项目技术目标	项目报批目标	报批依据	备注
15	地质灾害危险性评估	技术性支撑文件	调查地质灾害现状和隐患，提出防治措施	各省自然资源厅另行规定	《地质灾害防治条例》、《国土资源部关于加强地质灾害危险性评估工作的通知》（国土资发〔2004〕69号）、《关于取消地质灾害危险性评估备案制度的公告》（国土资源部公告2014年第29号）	某些地区由地质灾害防治协会登记
16	卫生学预评价报告	技术性支撑文件	对卫生设施进行评估，提出有关指标限值和措施建议	省市有关卫生部门	《公共场所卫生管理条例》《公共场所卫生管理条例实施细则》	
17	职业病危害预评价	技术性支撑文件	识别职业病危害因素，提出防护对策和建议	省市应急管理部门	《中华人民共和国职业病防治法》	

（二）项目性质

上述约20个项目中，可研报告的报批为主轴，节能报告、社会稳定风险分析与评估、线路站位方案（或规划部门技术审查意见）、用地预审和选址意见书为必要性立项支撑文件，客流预测、地形图修测、地质选线勘察、地下管线调查和房屋基础调查为可研编制基础资料，环境影响评价报告、地震安全性评价、安全预评价报告、地质灾害危险性评估、卫生学预评价报告和职业病危害预评价为技术性支撑文件。

（三）项目间关系

前期研究阶段各项目之间需相互配合，共同完成可研及报批工作，具体见表2-2。

二、　项目承包单位的限制性和择优性要求

就上述任何一个项目而言，选择一家承包单位对于整体可研工作都具有非常重要的作用，甚至会影响整体报批工作的进度。由于这种委托工作是由两个公司合作完成的，承包单位的委托是否恰当，除造成上述影响外，也会影响到业主公司的业绩考核和审计声誉。因此在开展可研工作之初，业主对各个项目的委托工作需要做好仔细分析和妥当安排。

通常，选择一家承包单位，一般有限制性要求和择优性要求。限制性要求是必要条

件、刚性要求;择优性要求是为了保证项目质量、保证该单位具有专业技术能力和诚信负责的态度等而提出的提高性要求,以供在满足限制性要求条件的几家单位中择优合作。

(一) 委托承包单位的限制性要求

资质或资格要求为限制性要求的重要部分,各项目具体资质或资格要求情况见表 3-2。

表 3-2 委托承包单位的限制性要求列表

序号	项目名称	资质或资格要求	依据	备注
1	可研报告	甲级工程咨询资格	《企业投资项目核准暂行办法》第五条	
2	节能报告	备案机构及工程咨询甲级资格（业务范围含轨道交通节能减排）	各省市另行规定	
3	社会稳定风险分析报告（或篇章）	工程咨询甲级资格或环境影响评价甲级资质	各省市另行规定	
	社会稳定风险评估报告	工程咨询甲级资格或省市自行备案的社会稳定风险评估机构	各省市另行规定	无需业主委托且不得与可研编制单位相同
4	环境影响评价报告	环境影响评价甲级资质	《建设项目环境影响评价资质管理办法》	2019 年取消资质要求
5	线路站位方案	城市规划乙级	《城乡规划编制单位资质管理规定》（2016）	
6	用地预审（《用地规划方案》报告）	城市规划乙级	《城乡规划编制单位资质管理规定》（2016）	
6.1	压覆重要矿产资源储量评估报告	甲级地质勘查资质（资质种类需与资源种类相符合）	《国土资源部关于印发〈地质勘查单位从事地质勘查活动业务范围规定〉的通知》（国土资发〔2010〕86 号）、《国土资源部关于进一步做好建设项目压覆重要矿产资源审批管理工作的通知》（国土资发〔2010〕137 号）、《地质勘查资质管理条例》	

（续上表）

序号	项目名称	资质或资格要求	依据	备注
6.2	压覆重要矿产资源价值评估报告	探矿权采矿权评估资质单位	《国土资源部关于印发〈探矿权采矿权评估管理暂行办法〉和〈探矿权采矿权评估资格管理暂行办法〉的通知》（国土资发〔1999〕75号）、《国土资源部关于重新发布〈探矿权采矿权评估资格管理暂行办法〉的通知》（国土资发〔2000〕302号）	
6.3	土地利用规划调整及实施影响评估方案	城市规划乙级	《城乡规划编制单位资质管理规定》（2016）	
7	选址意见书（《规划选址论证报告》）	城市规划乙级	《城乡规划编制单位资质管理规定》（2016）	
8	客流预测	城市规划乙级	《城乡规划编制单位资质管理规定》（2016）	
9	地形图修测	工程测量甲级测绘资质证书（业务范围含控制测量、地形测量）	《工程勘察资质标准》（附件3）、《工程勘察项目规模划分表》	同时各省另有城市规划测绘资格证书要求 部分地区已由市规划部门免费提供成果使用
		工程勘察综合甲级资质或工程勘察专业类工程测量甲级资质	《国家测绘地理信息局关于印发测绘资质管理规定和测绘资质分级标准的通知》（国测管发〔2014〕31号）	
10	地质选线勘察	工程勘察综合甲级资质或工程勘察岩土工程勘察甲级资质	《工程勘察资质标准》（附件3）、《工程勘察项目规模划分表》	
11	地下管线调查	工程测量专业测绘资质证书（业务类型含地下管线测量）	《自然资源部办公厅关于印发测绘资质管理办法和测绘资质分类分级标准的通知》（自然资办发〔2021〕43号）	根据管线千米规模而定，一般为甲级
		工程勘察综合甲级资质或工程勘察专业类工程测量甲级资质	《工程勘察资质标准》（附件3）、《工程勘察项目规模划分表》	

（续上表）

序号	项目名称	资质或资格要求	依据	备注
12	房屋基础调查	工程测量甲级测绘资质（业务范围含建筑工程测量、市政工程测量、线路与桥隧测量等）	《自然资源部办公厅关于印发测绘资质管理办法和测绘资质分类分级标准的通知》（自然资办发〔2021〕43号）	根据建筑物范围或规模而定，一般为甲级
		工程勘察综合甲级资质或工程勘察专业类岩土工程物探测试检测监测甲级资质	《工程勘察资质标准》（附件3）、《工程勘察项目规模划分表》	
13	地震安全性评价	不再有资质要求	《中国地震局关于印发〈地震安全性评价管理办法（暂行）〉的通知》（中震防发〔2017〕10号）	城市轨道交通工程一般不需要单独开展，但城际铁路工程需要单独开展
14	安全预评价报告	不再有资质要求	《安全评价检测检验机构管理办法》（中华人民共和国应急管理部令第1号）	
15	地质灾害危险性评估	甲级资质（资质专业是地质灾害评估）的地质灾害防治单位	《地质灾害防治单位资质管理办法》（中华人民共和国自然资源部令第8号）	
16	卫生学预评价报告	公共场所卫生技术能力考核合格证书（具体名称各省市略有不同）	各省市另行规定	2017年后取消资质要求
17	职业病危害预评价	职业病危害评价资质机构	2020年《职业卫生技术服务机构管理办法》	

　　除上述资质或资格要求外，限制性要求还包括企业的资信证明、独立法人证明等普遍适用的要求，用以确保承包单位具有商业诚信或企业行为能力。

（二）委托承包单位的择优性要求

　　择优性要求一般由业主自行选定，用以选择最优单位。可从如下几个方面着手：

　　（1）相关项目业绩要求。可按项目规模进行分类比较，也可按相关项目（同类技术行业，或前后相关项目）进行设置。

　　（2）若干年度业务规模要求。根据项目特点选择综合类业务规模或专业类业务规模进行设置，一般而言，系统性项目选择本行业综合类业务规模为宜，而专业技术性项目选择专业类业务规模为宜。除了考察业务承包能力外，该点还同时考察了承包单位的业务稳定性。

（3）技术人员的稳定性要求。鉴于轨道交通前期项目的执行期较长，如果承包单位常年发生技术人员流失，尤其是项目负责人的流失，容易对项目的执行造成一定的困扰。为避免此类困扰，业主会在合同中约定相关的惩罚措施。但选择承包单位时，也应设置一定的选择评价因素。该点可通过如下两个方式完成：

①相关业绩证明材料中，列明获取项目任务时的负责人和完成（或至今）项目负责人的相关材料；

②若干年的技术人员相关统计数据和证明材料，如人员数量、平均年龄、职称比例构成、学历比例构成等。

（4）项目负责人综合能力要求。项目负责人是否主持过类似项目，是否具有相应职称或资格证书。

（5）项目组成员规模及技术能力配备要求。例如项目组成员组成以及相应职称或资格证书持有人规模。

（6）项目优化建议（或成果保证措施与承诺）。该点主要考察承包单位对本项目情况的理解和相应技术措施、组织措施以及成果承诺。

以上各点均要求业主提前对市场潜在承包商的情况进行摸查，以便更好地设置评选细则。

三、　项目的成本控制思路

本书所述项目成本主要针对委托价格而言。具体控制思路见表3－3。

表3－3　委托项目成本控制思路简表

序号	项目名称	价格思路	承包方式	备注
1	可研报告	按照《国家计委关于印发建设项目前期工作咨询收费暂行规定的通知》（计价格〔1999〕1283号），插值计算。项目投资规模可参照建设规划上报或批复的项目估算	总价包干	
2	节能报告	与咨询单位协商处理，可约定计价原则，如按照线路长度进行计价	总价包干	
3	社会稳定风险分析与评估	与咨询单位协商处理，可约定计价原则，如按照线路长度进行计价，尤其注意问卷调查等工作计价原则	总价包干/部分工作内容可单价包干	

（续上表）

序号	项目名称	价格思路	承包方式	备注
4	环境影响评价报告	参照《国家计委、国家环保总局关于规范环境影响咨询收费有关问题的通知》（计价格〔2002〕125号），插值计算。但应梳理该文所指的具体工作内容，如有增加任务，则相应增加计价项目。也可参照《国家发展改革委关于降低部分建设项目收费标准规范收费行为等有关问题的通知》（发改价格〔2011〕534号）	总价包干/部分工作内容可单价包干	
5	线路站位方案	与咨询单位协商处理，可约定计价原则，如按照线路长度或者车站数量进行计价	总价包干/综合单价包干	
6	用地预审（《用地规划方案》报告）	与咨询单位协商处理，可约定计价原则，如按照车站数量等进行计价或者按照用地面积采用《城市规划设计计费指导意见》相应指标计价	总价包干	
6.1	压覆重要矿产资源储量评估报告	与咨询单位协商处理，该合同一般在自然资源部门核查矿产资源后签订，与线路规模无关	总价包干	
6.2	压覆重要矿产资源价值评估报告	与咨询单位协商处理，该合同一般在自然资源部门核查矿产资源后签订，与线路规模无关	总价包干	
6.3	土地利用规划调整及实施影响评估方案	与咨询单位协商处理，可约定计价原则，如按照用地面积规模采用《城市规划设计计费指导意见》相应指标计价	总价包干	
7	选址意见书（《规划选址论证报告》）	与咨询单位协商处理，可约定计价原则，如按照车站数量等进行计价或者按照用地面积采用《城市规划设计计费指导意见》相应指标计价	总价包干	
8	客流预测	与咨询单位协商处理，可约定计价原则，如按照线路长度或者车站数量进行计价	总价包干	
9	地形图修测	按实际工作量结算，参照国家测绘局2002年颁布的《测绘工程产品价格》计价	综合单价包干/总价包干	
10	地质选线勘察	参照《工程勘察设计收费标准（2002年修订本）》规定，分别确定陆上钻孔、水上钻孔、利用钻孔等综合单价	综合单价包干	
11	地下管线调查	可以管线千米为计价单位，亦可以正线千米为计价单位	综合单价包干/总价包干	

（续上表）

序号	项目名称	价格思路	承包方式	备注
12	房屋基础调查	以调查的建（构）筑物座数为计价单位，分两种综合单价：4~9 层建筑及人行天桥、9 层以上及高架桥	综合单价包干/总价包干	
13	地震安全性评价	与咨询单位协商处理，可约定计价原则，如按照车站数量进行计价	总价包干	
14	安全预评价报告	与咨询单位协商处理，可约定计价原则，如按照线路长度进行计价	总价包干	
15	地质灾害危险性评估	与咨询单位协商处理，可约定计价原则，如按照线路长度进行计价	总价包干	
16	卫生学预评价报告	与咨询单位协商处理，可约定计价原则，如按照车站数量进行计价	总价包干	
17	职业病危害预评价	与咨询单位协商处理，可约定计价原则，如按照线路长度进行计价	总价包干	

所有项目的委托价格必须列明价格构成表，以明确价格所含工作内容及其相应费用，避免产生歧义，也可同时为后期合同变更产生费用增减提供依据。合同可以约定为完成最终目标所必需的工作内容，在价格构成表中没有体现的部分，视为不构成费用，则后期合同增加费用时，该类工作亦同样不产生费用。

因前期项目涉及较多专家审查环节和政府部门审查评估环节，因此委托项目时，须注意明确委托价格是否包含该类相关工作任务及次数。

根据 2015 年 2 月发布的《国家发展改革委关于进一步放开建设项目专业服务价格的通知》（发改价格〔2015〕299 号），与建设项目前期工作有关的咨询等服务项目全面放开服务价格，实行市场调节。但是表 3-3 列出的相关文件的指导价格仍具有一定的参考价值，可结合物价指数等情况酌情使用。

对于市场潜在承包人较多的项目，可适当以公开招标、价格比选等方式引入竞争，控制价格。

四、　关于其他要求设定的注意事项

轨道交通可研阶段前期项目之间存在较多的技术协调，如果所有项目均由一家承包商承担，则不需过多考虑项目间的配合事宜。但很多情况下，是由多家承包商分别承包各自擅长领域的项目。因此，委托前需要明确相关项目配合责任事宜，并将此作为任务书内容的组成部分，如线路站位方案的变化引起相关评价项目的调整，又如环境影响评价报告对线路提出优化方案引起可研报告的调整等。

同时，项目启动工作需要各类输入资源条件，如可研报告等；需要搜集城市规划等相关资料，如客流预测等；除搜集城市规划外，尚需调查沿线现状和规划人口、主要走廊的交通流量等。对于这种资料的获取工作，应明确搜集负责方。

项目输出成果的最终完成标志要明确，如获得审批或者通过验收等。但鉴于前期工作对后续工作有指导作用，而后续工作存在方案调整的风险，业主应考虑委托工作范围是否包含对后续设计或实施工作阶段的跟踪服务、完善任务。

轨道交通前期工作，由于存在诸多不稳定因素，委托工作必须提前预计相关合同变更条款，以在维护项目正常运转的前提下控制好项目成本。原则上，变更条款越详细越具有可操作性，但为了能够简约且覆盖所有情况，一般将变更情况分类并进行相关约定。

五、 小结

轨道交通可研阶段前期项目委托工作的重点在于明确项目的任务和报批目标（或技术目标），且在此基础上，寻找并选择合格且优秀的承包商，提前控制好项目成本。同时，委托工作还要重点预估项目执行全过程中出现的所有情况，并予以保证措施。

第四章

可研报告编制报批

一、 工作内容

可研是建设项目在投资决策环节具有重要意义的工作，旨在对拟建项目进行全面技术经济分析论证，对项目有关的自然、社会、经济、技术等外部环境进行调研，对项目内部技术经济可行性进行研究，预测并比较分析项目建成后的经济效益和社会效益。可研重点在于项目建设必要性、项目财务营利性（或经济社会效益性）、资金来源可靠性等方面。为此，需要对项目的上层规划符合性、客流（客户）或市场预测、建设规模、投资规模、技术可行性（含建设条件、技术先进性或适应性）进行科学的研究论证，为项目的投资决策提供科学依据。

（1）轨道交通项目的可研是轨道交通项目工作的起点，也是以后一系列工作（筹资、设计、施工、采购、验收、运营、后评价等）的基础。它的主要工作内容[①]如下：

①从城市发展的角度，基于上层线网规划和批复的建设规划（类似于普通建设项目的项目建议书）成果，继续分析项目建设的必要性，并详细论证启动建设的迫切性。必要性和迫切性分析贯穿整个可研工作的始终。

②结合城市规划、土地利用规划以及线路功能定位，解决线路方案、车站分布、车辆段或停车场选址、主变电站选址等问题。

③分析客流现状，并基于城市人口现状和规划规模作出沿线客流 OD 预测，并进一步分析行车交路和车辆选型。

④基于车站的客流集散量和行车组织需要，分析论证车站和区间的建设规模，匡算用地及拆迁数量。

⑤提出主要机电系统的技术原则和设备数量。

⑥提出沿线环境保护问题和解决方案。

---

① 2023 年 3 月 23 日国家发展改革委印发了《国家发展改革委关于印发投资项目可行性研究报告编写大纲及说明的通知》（发改投资规〔2023〕304 号），对可研报告的编制内容作了更新。该通知将"迫切性论证"变为"时机适当性论证"，相关行政审批手续可能会前置，增加了对资源要素（如土地、水等）的保障分析要求，加强了风险管控内容。

⑦提出建设和运营期间的风险分析与应对措施，如地质灾害、劳动安全、社会稳定风险分析与评估、职业病防治、公共场所卫生学评价等。

⑧提出建设工期策划。

⑨估算投资规模，分析投融资可行性与合理性，并进行财务评价（项目投资回报）和社会、经济效益分析。

⑩提出建设、经营管理体制。

（2）轨道交通项目的可研所需基础资料项目：

①客流预测。

②控制网测量和地形图修测。

③沿线地质选线勘察。

④房屋基础调查。

⑤地下管线调查。

⑥主变电站选址选线。

（3）轨道交通项目的可研配套技术支撑项目：

①线网资源共享专题。

②交通衔接专题。

③土地利用控制专题。

④其他技术专题，如运营模式、系统选型、施工工法等。

（4）轨道交通项目的可研阶段配套评价项目：

①环境影响评价。

②地质灾害危险性评估。

③安全条件论证和安全预评价。

④卫生学预评价。

⑤职业病危害预评价。

⑥节能评估。

⑦社会稳定风险分析。

⑧社会稳定风险评估。

（5）轨道交通项目的可研阶段国土规划相关项目：

①线路、站位及主要设施选址方案。

②用地规划方案。

③规划选址论证报告。

（6）关键节点说明：

①建设规划批复是启动线路可研报告报批工作的前提条件。

②线路、车站和主要设施选址方案获得市规划部门批复是启动可研报告编制工作的基

础条件。

③客流预测、地形图修测、地质选线勘察、地下管线调查、房屋基础调查是可研报告编制工作的技术基础。

④交通衔接等专题成果是可研报告编制工作的技术输入条件（可选择）。

⑤可研报告中期稿是启动各类预评价（评估）项目编制报告的技术基础，各类预评价（评估）项目成果需回归纳入可研报告终稿。

⑥相比其他评价（评估）类项目，环境影响评价需要在线路站位稳定后才可开展沿线文物、水文等调查。

⑦市规划局选址意见是用地预审上报市自然资源局的前提条件。[①]

⑧地质灾害报告批复是用地预审和选址意见书获得批复的前提条件。[②]

二、　工作依据[③]

（1）国家投资主管部门关于近期建设规划的批复文件。

（2）市投资主管部门同意启动前期研究工作的批复文件（含工作费用来源落实）。

三、　工作职责

（一）业主职责

（1）向上级主管部门市投资主管部门申请启动前期研究工作，并落实资金来源。

（2）负责公开招标选择或直接委托前期研究和相关各项目的承包单位，下达委托任务书（作为合同附件）。

（3）组织前期研究单位按期完成可研报告，并内部审查报告质量；组织协调各基础项目、评价项目或支撑项目承包单位按期完成相关报告，并内部审查报告质量。

（4）向市投资主管部门上报可研报告，或向相关部门上报评价报告，取得正式批文或备案；审批过程中配合参与市投资主管部门或相关部门组织各环节的（预）评估和专家（预）评审会议。

（5）协调各项目之间的配合工作；协助各项目单位向前期研究单位提供勘察、调查或评价成果；协调评价单位根据前期研究单位意见调整方案。

---

① 有些城市已将市属规划部门和国土部门合并，成立规划和自然资源局，相关审批流程细节因城市而异。

② 本条因简政放权而有所简化。

③ 本书所述工作依据，非指技术性或政策法规性要求，也非指报告质量要求，而是专指项目管理工作的依据。如需技术性或政策法规性或报告质量要求，可参阅相关政策文件、相关规范或项目任务书。

（二） 前期研究单位

前期研究单位除了具有一般性项目研究承包单位所拥有的工作性质外，还具有类似总体单位的协调功能，在可研工作阶段，所有的技术协调都需要前期研究单位给予采纳、反馈、修正等意见。

（1） 编制前期研究工作策划。

（2） 提出技术基础需求，协助业主对基础项目的验收提出使用意见。

（3） 对相关评价类项目提出专业意见，作为总体协调单位，应对各类评价类项目成果的采纳和修正提出合理、优化建议。

（4） 协助业主完成可研报告各环节的审查工作，直至可研报告获批。

（5） 协助业主和各评价类项目单位进行成果审查和报批工作。

（6） 完成合同约定其他事项。

四、 项目申报要求

可研报告的申报[①]，必须以已批复的上层规划《城市轨道交通近期建设规划》为前提条件和依据，具体申报和评估流程等要求详见《国务院办公厅关于加强城市快速轨道交通建设管理的通知》（国办发〔2003〕81号）、《国家发展改革委关于加强城市轨道交通规划建设管理的通知》（发改基础〔2015〕49号）、《国务院办公厅关于进一步加强城市轨道交通规划建设管理的意见》（国办发〔2018〕52号）等。

轨道交通项目可研的申报需要具备如下条件：

（1） 线网规划获得批复。

（2） 线路所属近期建设规划获得批复（或该线路的项目建议书获得批复）。

（3） 线路站位规划获得批复。

（4） 用地预审。

（5） 选址意见书。

（6） 节能评估报告获得批复。

（7） 社会稳定风险分析与评估报告获得批复。

（8） 地质灾害危险性评估获得备案。

（9） 安全预评价报告。

（10） 卫生学预评价报告。

（11） 职业病危害预评价。

---

① 目前，可研报告申报程序是逐级上报审批的，即业主单位上报市投资主管部门，市投资主管部门在市政府同意后上报省投资主管部门。

（12）环境影响评价报告。

（13）相关交委、市政园林、消防、人防、文物、供电、水务等部门意见。

（14）水土保持方案获得批复（需要时）。

（15）施工固体废弃物处理意见（需要时）。

（16）客流预测报告和专家评审意见。

（17）建设资金证明（一般为市政府资本金承诺函和银行贷款承诺函）。

（18）其他线网资源共享专题，配套技术专题如系统选型、行车组织、地下方案论证专题、主变电站选址选线等。

其中，（1）～（7）、（17）为可研批复的必要条件①，其余为评估审查时的技术支撑性条件。

五、 成果文件及要求

可研报告成果须满足《国家发展改革委关于加强城市轨道交通规划建设管理的通知》（发改基础〔2015〕49号）及其附件2《城市轨道交通工程项目可行性研究报告编制和评估大纲》、《国务院办公厅关于进一步加强城市轨道交通规划建设管理的意见》（国办发〔2018〕52号）②、《国家发展改革委关于印发投资项目可行性研究报告编写大纲及说明的通知》（发改投资规〔2023〕304号）等的要求。

六、 合同委托

（一）资质要求

本项目前期研究单位的基本资质要求为国家发展改革委颁发的城市轨道交通咨询甲级资质（2004年9月15日颁发的中华人民共和国国家发展和改革委员会令第19号《企业投资项目核准暂行办法》中第五条规定："项目申请报告应由具备相应工程咨询资格的机构编制，其中由国务院投资主管部门核准的项目，其项目申请报告应由具备甲级工程咨询资格的机构编制。"）。同时，为保证质量，一般要求该单位拥有城市轨道交通前期研究或总体总包项目业绩且熟悉当地城市基本情况和规划审批程序等。③

---

① 根据政策调整。

② 《国务院办公厅关于加强城市快速轨道交通建设管理的通知》（国办发〔2003〕81号）被《国务院办公厅关于进一步加强城市轨道交通规划建设管理的意见》（国办发〔2018〕52号）文替代。

③ 如采用公开招标，除资质以外，其他招标限定条件需同时满足招投标相关管理规定，尤其注意关于地区性、行业性经验问题的设定是否合规。

（二）委托方式

轨道交通项目投资较大，因此通常采用公开招标方式进行。在不违背招投标法的情况下，也可以采取直接谈判方式进行委托。[①]

（三）计价原则

本项目为总价包干的研究咨询项目。按照过去类似合同的取价情况，参照《国家计委关于印发建设项目前期工作咨询收费暂行规定的通知》（计价格〔1999〕1283 号）或者 2015 年 3 月 3 日中国城市轨道交通协会发布的《城市轨道交通前期咨询工作收费指导意见》（中城轨〔2015〕006 号）中的标准进行计取[②]，进行公开招标控制价的上限制定，而实际控制价通常下浮 10% 左右。一般情况下，约定前期线路站位在起终点不变的情况下总价包干，直至可研报告正式获批。

为避免出现合同纠纷，合同可以考虑明确约定线路长度或车站数量在一定比例范围内浮动不予费用变更、超出比例后的变更原则与费用构成、报告质量影响报批工作（含进度影响）的惩罚条款等。

根据既往经验，个别项目会出现特殊现象或非正常结束，如线路拆分、项目中止等，合同应增加相关的变更条款，明确变更原则（或明确不予变更的情况）；合同相关条款的设定需考虑早期停止的项目，应根据合同约定核定相关工作量，并追回相关已付款项。

---

① 根据《必须招标的工程项目规定》（中华人民共和国国家发展和改革委员会令第 16 号），"勘察、设计、监理等服务的采购，单项合同估算价在 100 万元人民币以上"必须招标。

② 2015 年 2 月 11 日发布的《国家发展改革委关于进一步放开建设项目专业服务价格的通知》（发改价格〔2015〕299 号），该通知规定与建设项目前期工作有关的咨询等服务项目全面放开服务价格，实行市场调节。因此，"计价格〔1999〕1283 号"文只能用于参考，其计价已不再作为控制价制定依据。

第五章

线路站位方案报批

一、 工作内容

根据各城市当地城乡规划审批程序，向市规划部门申报线路站位（含车辆段、停车场及主变电站选址等）方案，办理规划批复，作为后续各项工作的开展依据。

二、 工作依据

（1）市政府批复的线网规划。

（2）国家发展改革委批复的近期建设规划。

（3）近期建设规划配套的土地利用规划。

（4）经专家审查通过的线网资源共享系列专题研究成果。

（5）其他相关规划，如城市及区域规划、国家上位铁路及省城际线网规划等。

（6）市投资主管部门同意启动前期研究工作的批复文件（含工作费用来源落实）。

三、 工作职责

（一） 业主单位

（1）负责公开招标选择或直接委托线路站位方案前期研究单位和规划咨询单位，下达委托任务书（作为合同附件）。

（2）组织前期研究单位按期完成《线路站位选址方案报告（含车辆段、停车场、主变电站等附属设施）》。

（3）组织咨询单位按期完成规划协调。如有必要，需负责协调沿线区政府或重要单位的意见。

（4）向市规划部门申报《线路站位选址方案报告（含车辆段、停车场、主变电站等附属设施）》，取得市规划部门正式批文。

（二）前期研究单位

依据业主下达的委托任务书，开展如下工作：

（1）依据批复的城市轨道交通线网规划和建设规划，自行收集相关城市规划、土地利用规划、综合交通规划、控制性详细规划，以及城市人口、地形地貌、地质条件、道路交通、地形图等相关基础资料。[①]

（2）在保证线路功能定位基础上，开展线路起终点、规划路由、站位选址、车辆段（或停车场）选址、主变电站选址等研究。研究需保证规划方案符合上位规划，落实沿线工程关键节点，梳理核查规划方案与环境保护、文物保护、生态保护等方面的关系。

（3）协调取得市规划部门、区规划分局、穿越重要单位（如学校、医院等）、咨询单位等对线路站位方案的意见，配合开展专项方案论证工作，应为持不同意见的单位提供方案比选。

（4）编制提交《线路站位选址方案报告（含车辆段、停车场、主变电站等附属设施)》，成果报告需按照 ISO 9002 标准；配合业主单位上报。

（三）规划咨询单位[②]

依据业主下达的委托任务书，开展如下工作：

（1）配合提供相关上位规划资料，如城市总体规划、综合交通规划、区域城市规划、城市设计、区域交通规划、控制性详细规划等资料（含人口、土地、道路）。

（2）协助前期研究单位取得市规划部门、区规划分局、穿越重要单位（如学校、医院等）、咨询单位等对线路站位方案的意见。

（3）配合协调沿线相关利益体取得对方案论证和规划审批的意见。

（4）出具正式规划咨询意见（咨询意见附表是规划部门窗口收案的必备文件）。

（5）协调市规划归口审批部门意见和专家咨询意见，协助取得市规划部门审查会或业务会审查意见。

（6）配合取得市规划部门最终批复。

四、项目申报要求

（1）《线路站位选址方案报告（含车辆段、停车场、主变电站等附属设施)》。

（2）《线路站位选址方案报告（含车辆段、停车场、主变电站等附属设施)》附图，

---

① 虽然线路前期研究工作中含有地形图修测项目，但在线路站位方案获得规划批复前，地形图修测项目不予启动。因此，本阶段编制方案所需地形图一般由前期研究单位自行收集。

② 此条因城市而异。

需蓝图晒印。

（3）上报请示函件（正式红头文件）。

（4）规划咨询意见。

（5）一般情况下采用技术业务案件形式申报；个别情况下，经沟通也可采用政务案件形式申报，但均需向经办处室提供报告、附图和请示函件。

五、 成果文件及要求

线路站位方案申报形成如下成果文件：

（1）《线路站位选址方案报告（含车辆段、停车场、主变电站等附属设施）》。

报告需要交代城市规划、城市综合交通规划背景、线路所经区域的城市规划情况、土地利用规划情况、线网规划和建设规划情况，以及线路的功能定位；同时需说明线路行车组织情况，以便明确车辆配属规模，进而确定车辆段（或停车场）的用地规模。报告的重点在于线路的路由走向选择论证，车站、车辆段（或停车场）、主变电站的选址设置，以及线路（含辅助线路）的平纵断面设计和车辆段（或停车场）的总平面布置图。

报告附图需蓝图晒印，含不小于1∶2 000比例的带地形图的平纵断面设计图以及车辆段（或停车场）的总平面布置图。

（2）市规划部门关于《线路站位选址方案报告（含车辆段、停车场、主变电站等附属设施）》的正式批复。

（3）相关区政府或区规划部门关于线路站位方案的意见、车辆段（或停车场）选址的批复。

注：由于车辆段（或停车场）需要占用大宗城市建设用地，对于具有一定独立规划和用地审批权的区，市规划部门通常会要求区政府或区规划分局出具意见。

六、 合同委托

本项工作涉及两家单位，合同关系分别体现在前期研究项目和规划咨询两份合同中。

（一）资质要求

本项目前期研究单位的基本资质要求为国家发展改革委颁发的城市轨道交通咨询甲级资质（详见第四章"可研报告编制报批"）；规划咨询单位的基本资质要求为省建设厅颁

发的城市规划乙级资质①；两个单位均需拥有城市轨道交通项目业绩且熟悉相关城市的基本情况和规划审批程序等。

（二）委托方式

《线路站位选址方案报告（含车辆段、停车场、主变电站等附属设施）》编制工作原则上属于可研报告前期研究项目工作内容范畴，不另行委托（具体委托情况详见第四章"可研报告编制报批"）。

规划咨询项目可由业主单独进行直接谈判委托，或与前期研究相关项目合并进行公开招标。

（三）计价原则

一般情况下，线路站位方案报告的编制费用包含在前期研究费用中（前期研究费用详见第四章"可研报告编制报批"），且一般不作为合同款项支付的独立阶段，也不涉及费用相关的变更条款。

规划咨询合同为总价包干的咨询项目，通常采用工作量与单价的计费模式。如按照"一站一区间" x 万元左右的标准收费，其中车辆段、主变电站和集中冷站等均单独计算。若出现因前期线路站位规划存在不确定性以及不可预见性导致后期增加车站的情况，项目方可按照原签署合同的相关变更约定，考虑签署补充费用的协议。

---

① 轨道交通线路规划属于城市规划中交通专项规划工作内容，根据《中华人民共和国城乡规划法》（2019）第二十四条规定："城乡规划组织编制机关应当委托具有相应资质等级的单位承担城乡规划的具体编制工作。"《城市规划编制单位资质管理规定》（2001）第九条规定，各种专项规划和编制（含修订或者调整）需由城市规划乙级或以上单位承担。2016 年 10 月 20 日，住建部修订了《城乡规划编制单位资质管理规定》，对乙级单位承担业务范围进行了调整，规定乙级单位只能承担登记注册所在地城市和 100 万现状人口以下城市相关专项规划的编制。但考虑到本项工作仅是交通专项规划的部分工作内容，该工作仍可考虑由城市规划乙级或以上单位承担。

第六章

地质选线勘察

一、 工作内容及流程

《城市轨道交通岩土工程勘察规范（GB 50307—2012)》第3.0.2条款："城市轨道交通岩土工程勘察应分为可行性研究勘察、初步勘察和详细勘察。施工阶段可根据需要开展施工勘察工作。"第5.1.1条款："可行性研究勘察应针对城市轨道交通工程线路方案开展工程地质勘察工作，研究线路场地的地质条件，为线路方案比选提供地质依据。"我们通常也将可研勘察称为地质选线勘察。

地质选线勘察工作的主要内容包括收集区域性地质构造、工程地质、水文地质、气象、地震、地貌、地下水动态、古河道等有关资料及物探资料和有关图片（卫片、航片），调查研究沿线重要及高大建筑物的地基资料，总结沿线地质选线施工经验，进行地质钻探、原位测试、水位观测取样、试验，统计分析后编制勘察报告。该项目需达到反映勘察范围的地貌特征、区域地质、工程地质、水文地质，了解地震、气象、河流水文概况，提交必要的气象要素、河流水文要素的目的，以满足工程可研的需要。

工作流程说明如下：

（1）初拟地质选线勘察范围及布孔方案。

线路设计总体（前期研究单位）原则上以合同的工作要求为依据，按线路方案的实际需求，拟出具体的地质选线勘察范围，提出布孔方案，并附图说明，提交业主。

业主收到工联单后，需审核线路方案是否准确，依据合同要求核实地质选线勘察范围后签发确认函，提交选线勘察单位开展作业。注意：确认函为工程量计算的主要依据。

（2）检查。

成果检查一般包括中间抽查和验收前检查。

中间抽查在地质选线勘察进行过程中进行；验收前检查在地质选线勘察全部完成、验收前进行。中间抽查和验收前检查均包含现场抽查和内业抽查。其中，中间检查的现场抽查主要核查布孔方案与实际钻探位置是否存在偏差，核对钻探深度；中间检查、验收前检查的内业抽查主要检查钻孔作业原始记录文件是否符合要求、是否完成、齐备，是否与报告相符。检查完成后，应及时完成检查报告，附检查签到表。

（3）勘察范围的补充和变更。

若在前期研究阶段，线路站位方案发生较大变化，如路由调整、增设车站等，则由线路设计总体（前期研究单位）提出补充或变更地质选线勘察范围需求，经业主审核同意，地质选线勘察单位方可继续开展地质选线勘察工作。若补充或变更地质选线勘察范围需求未经业主同意，所发生工作量原则上不纳入合同结算费用。

（4）业主单位组织进行成果验收。

二、　工作依据

（1）市投资主管部门同意启动前期研究工作批复文件（含工作费用来源落实）。

（2）市规划部门对线路站位方案的正式批复为开展工作的依据（此条目的为减少不必要的工作量）。

（3）地质选线勘察方案通过业主审核。

（4）线路总体调整勘察范围需求函或增加工作量等勘察工作变更需求函。

三、　工作职责

（一）业主单位

（1）负责审定地质选线勘察方案与该工程线路站位方案是否相符，并签发地质选线勘察需求函。

（2）组织勘察单位开展勘察工作，在地质选线勘察工作中，控制地质选线勘察工作工期，协调处理地质选线勘察单位与线路设计总体之间的问题，保证地质选线勘察成果满足线路工程可研需要。

（3）组织项目成果中间抽查、验收前检查，以及最终成果的审查验收。

（二）可研总体单位

（1）依据该工程线路站位方案，制订地质选线勘察方案，拟出范围，提出布孔方案，并报业主审查。

（2）在地质选线勘察过程中，配合业主抽查地质选线勘察工作内容是否符合地质选线勘察方案。

（3）线路方案发生变化时，及时主动向业主提出地质选线勘察方案变更需求。

（4）地质选线勘察完成后，向业主提交地质选线勘察成果使用意见，配合业主完成验收。

（三） 选线勘察单位

（1）依据相关行业技术规范，按照经业主审核的地质选线勘察方案，完成地质选线勘察工作，提交满足工程可研深度的地质选线勘察成果。

（2）配合业主完成相关的协调工作。

（3）按相关要求办理各类施工、搜集资料手续①，如办理勘察许可证、河道勘察施工许可证等。

（4）选线勘察单位需对钻孔行为及与相关建（构）筑物权属单位的协调工作负责。

四、 成果文件及要求

（一） 经业主审查确认的勘察需求文件

文件必须明确地质选线勘察的范围和布孔方案。通常，可研阶段勘探点按如下要求布置②：

（1）按地貌单元沿线路右侧布置勘探点，每类地貌单元一般不少于 6 个勘探点，在每个车站和区间均应布置勘探点。

（2）原则上勘探点间距为 250～300 米，在地质条件较复杂地段，勘探点间距为 200～250 米。如搜集的钻孔可利用，宜适当略减勘探点布置。

（3）地质条件特别复杂或对线路选线和工法研究有重大影响的地段，勘探点间距可加密至 100 米。

（4）当有两条以上比选线路时，各比选线路均应布置勘探点。

（5）控制线路方案的江、河、湖等地表水体及不良地质作用和特殊性岩土地段应布置勘探点。

勘探点深度宜进入中、微风化岩 5 米，原则上不小于 35 米。特殊地形或情况下可适当加深。

（二） 工程可行性研究选线勘察报告

选线勘察单位需提交勘察成果报告，具体要求如下：

（1）勘察报告资料完整，内容可靠，条理清晰，文字、表格、图件相符。

（2）勘察报告包括文字、表格、图件。编制报告的具体要求可参照中国工程建设标准

---

① 具体手续视城市管理、工商管理、城市勘测管理等最新要求而定，如某市城市规划勘察测量管理办法等。

② 该五点要求，摘自《广州市轨道交通线网岩土工程勘察总体技术要求（第四版）》（2012 年 5 月）第 7.1 条。

化协会标准《岩土工程勘察报告编制标准》（CECS 99：98）的各项规定，以及建设部《房屋建筑和市政基础设施工程勘察文件编制深度规定》（建质〔2010〕215 号）。

（3）勘察报告的文字部分包括"岩土工程评价与工程措施建议"，这部分的编制应执行《岩土工程勘察规范》（GB 50021—2001）第 14 章"岩土工程分析评价和成果报告"中的国家标准，以及《城市轨道交通岩土工程勘察规范》（GB 50307—2012）第 18 章"成果分析与勘察报告"中的国家标准。

（4）勘察报告正文部分须评价不良地质作用对工程的影响。

（5）勘察报告的表格可包括插表与附表。插表是支持文字说明的表格，附表是汇总、统计各类岩土参数的表格。所有岩土参数均要求经过分类、汇总、统计之后列表表示，不能将实验室或外业作业的原始表格不加统计直接列入勘察报告。凡经过统计后得到的结果，均要求利用计算机内的统计功能列表。

（6）勘察报告的图件可包括插图与附图。插图是支持文字说明的图件，附图是直接反映勘察成果的图件。图件内容包括：区域地质图、钻孔平面图、地质断面图、钻孔柱状图、岩芯照片等。其中，数量较多的钻孔平面图、钻孔断面图、钻孔柱状图和岩芯照片可另外装订成册。

（7）重要的支持性内容（如岩矿鉴定和必须附上的原始资料等）可作为附件列在勘察报告之后。

（8）按轨道交通勘察要求，钻孔应投影到线路（或网格线）上做断面图。平面图和断面图上均应体现地形、线路和站位等要素。

（9）可研阶段勘察完成后，提供可研阶段全线地质纵断面图（断面图需对不同地层进行填色区分）。

（10）要求勘察报告全部实现数字化，所有文字、表格、图件均能够进行编辑。其中文字用 Word 格式，统计表格用 Excel 格式，矢量化图件用 AutoCAD R14 格式，岩芯照片等图片宜用 JPEG 格式（亦可粘贴到 Word 格式中）。凡 AutoCAD 格式图件均要求能够在通用的 R14 版本中进行编辑。

（11）提供区域地质图（要求与线路叠加），在煤系地层、石灰岩分布范围，尚应提供煤系地层及其采空区分布图、石灰岩及其洞穴分布图。

（12）提供试验报告的原始资料，包括盖有 CMA 章的所有岩、土、水试验统计图表复印件。试验报告原始资料应汇总并装订成册。

（三）中间检查和验收前检查报告

检查形式：成果检查以现场抽查形式进行，包含勘察现场和内业现场。需线路设计总体一起参加，如采取抽查形式，在检查进行前，可请线路设计总体提出检查路段。

检查内容：进行中间抽查时，核对现场钻孔位置和布控方案是否一致，现场抽取钻孔样品；进行验收前检查时，检查钻孔原始资料，包括钻探报告、钻探记录表和抽取样品，核对钻探深度。

（四）线路设计总体单位（可研总体单位）对地质选线勘察成果使用情况的书面意见

一般在验收会议前发函请线路设计总体提供，要求函件回复。

（五）验收会议纪要

验收会议纪要附件应包括（但非全部）：勘察范围需求函、地质选线勘察项目工作量清单、验收前检查报告、可研总体单位使用意见等。

五、 合同委托

（一）资质要求

1．国家对相关资质设定的情况

建设部 2007 年 6 月 26 日发布、2007 年 9 月 1 日起实施的《建设工程勘察设计资质管理规定》第三条："取得建设工程勘察、工程设计资质证书后，方可在资质许可的范围内从事建设工程勘察、工程设计活动。"第四条："国务院铁路、交通、水利、信息产业、民航等有关部门配合国务院建设主管部门实施相应行业的建设工程勘察、工程设计资质管理工作。"第五条："工程勘察综合资质只设甲级；工程勘察专业资质设甲级、乙级……部分专业可以设丙级。"2015 年 5 月 4 日建设部令第 24 号修正版的《建设工程勘察设计资质管理规定》对以上内容没有改变。

根据《工程勘察资质标准》，工程勘察范围包括建设工程项目的岩土工程、水文地质勘察和工程测量。工程勘察资质分为三个类别：工程勘察综合资质、工程勘察专业资质、工程勘察劳务资质。

工程勘察综合资质只设甲级。岩土工程、岩土工程设计、岩土工程物探测试检测监测专业资质设甲、乙两个级别。岩土工程勘察、水文地质勘察、工程测量专业资质设甲、乙、丙三个级别。

工程勘察专业资质包括：岩土工程专业资质、水文地质勘察专业资质和工程测量专业资质；其中岩土工程专业资质又包括：岩土工程勘察、岩土工程设计、岩土工程物探测试检测监测等岩土工程（分项）专业资质。

工程勘察劳务资质不分等级。

2. 国家相关规范对岩土工程勘察等级的划分标准

《岩土工程勘察规范》第3.1.1、第3.1.2、第3.1.3、第3.1.4条款，以及《城市轨道交通岩土工程勘察规范（GB 50307—2012）》第3.0.7、第3.0.8、第3.0.9、第3.0.10条款，均将岩土工程勘察等级明确分为甲级、乙级、丙级。受属国家审批项目、工程重要性等级为一级、主体工程场地复杂性等级为一级等因素影响，城市轨道交通工程岩土工程勘察等级为甲级。

3. 轨道交通地质选线勘察项目对承包商的资质要求

《工程勘察资质标准》附件3《工程勘察项目规模划分表》明确：国家重点项目的岩土工程勘察、按《岩土工程勘察规范》（GB 50021—2001）岩土工程勘察等级为甲级的工程等需由岩土工程勘察甲级资质单位承担。根据《建设工程勘察设计管理条例》[①] 第十七条："发包方不得将建设工程勘察、设计业务发包给不具有相应勘察、设计资质等级的建设工程勘察、设计单位。"

综上所述，轨道交通地质选线勘察项目需委托给工程勘察综合资质为甲级或工程勘察岩土工程勘察资质为甲级的单位。[②]

（二）委托方式

《建设工程勘察设计管理条例》第十二条规定："建设工程勘察、设计发包依法实行招标发包或者直接发包。"第十八条规定："发包方可以将整个建设工程的勘察、设计发包给一个勘察、设计单位；也可以将建设工程的勘察、设计分别发包给几个勘察、设计单位。"

轨道交通地质选线勘察项目合同费用一般超过100万元，通常情况下采取公开招标的形式选择选线勘察单位。个别项目费用控制在100万元以内且实行总价包干，也可采取直

---

① 2000年9月25日中华人民共和国国务院令第293号公布，根据2015年6月12日《国务院关于修改〈建设工程勘察设计管理条例〉的决定》修订。

② 工程物探资质。工程物探单位资质行政审批项目《国土资源部办公厅关于换发工程物探资质证书的通知》（国土资厅发〔2001〕50号）已于2002年11月1日由国务院取消（国发〔2002〕24号《国务院关于取消第一批行政审批项目的决定》目录第197项）。本书不再论述。

地质勘查资质（地球物理勘查资质）。2008年6月26日《国土资源部关于印发〈地质勘查资质分类分级标准〉的通知》规定了地球物理勘查等资质类别和专业要求。考虑到该资质设置主要针对各种岩矿（含石油天然气、液体矿产、气体矿产、固体矿产）、区域地质、海洋地质等工作项目，在前种资质单位供应商已充足的情况下，地质选勘项目暂不考虑该资质。但请注意，该资质适用于用地预审环节中关于沿线"压覆重要矿产资源储量评估报告"项目（简政放权前），具体详见第十三章"选址意见书与用地预审"中关于资质要求的内容。

关于以上两条资质，有个别城市在轨道交通地下管线探测（调查）或者建（构）筑物基础（房屋基础）调查等招标项目中允许具有该资质的单位参与投标。

接谈判方式进行委托。

（三）计价原则

本项目为综合单价包干项目。以公开招标方式对陆上钻孔、水上钻孔①和利用钻孔三种类别的钻孔分别确定单孔综合单价，并以工作量（钻孔数量）按实结算。投标人需针对每一种类别的钻孔提供综合单价分析表。需要注意的是，综合单价分析表中所有的取费项目、工作量以及单价均须符合《工程勘察设计收费标准（2002 年修订本）》中的规定。②

实际招标时，以总价控制价、单孔单价限价上限、单孔单价限价下限（通常为上限的80%）三个指标多重控制投标费用。因存在线路选线需要导致车站埋深较深的可能性，招标文件可明确要求加大钻孔深度的风险由中标人自行承担，中标确定的综合单价将不予变更。投标人投标时不得对预算工程量进行更改，若投标文件中的工程量与预算工程量有所出入，价格核准时，对所报综合单价与预算工程量进行汇总，计算核准总报价，若核准总报价高于实际总报价，则中标价以实际总报价为准；若核准总报价低于实际总报价，则中标价以核准总报价为准。

《城市轨道交通岩土工程勘察规范（GB 50307—2012）》第 5.1.3 条明确规定："可行性研究勘察应在搜集已有地质资料和工程地质调查与测绘的基础上，开展必要的勘探与取样、原位测试、室内试验等工作。"故可研阶段地质选线勘察项目应尽量多地利用既有钻孔资料，一则节省工作时间，加快前期研究进展，二则节省前期研究费用。

六、　选勘与初勘、　详勘的区别和关系

《城市轨道交通岩土工程勘察规范（GB 50307—2012）》第 3.0.2 条规定："城市轨道交通岩土工程勘察应分为可行性研究勘察、初步勘察和详细勘察。施工阶段可根据需要开展施工勘察工作。"③为加深对选勘工作的理解，我们简略地从勘察目的、勘察内容与方法、勘探点布置、成果报告编制等方面对选勘与初勘、详勘的区别和关系进行说明。

---

① 水上钻孔是指岩土工程勘探钻孔之水上作业，而非指水文地质勘察。水上钻孔与陆上钻孔的取费项目基本一致，但具体单价有所不同（调整系数不同），故而综合单价不同。

② 鉴于 2015 年 2 月 11 日发布的《国家发展改革委关于进一步放开建设项目专业服务价格的通知》（发改价格〔2015〕299 号），建设项目前期咨询、工程勘察、工程设计、招标代理、工程监理、环境影响咨询等全面放开服务价格，实行市场调节，文中所述"单价均须符合《工程勘察设计收费标准（2002 年修订本）》中的规定"为既有线路委托情况的说明，而非下一轮线路工作开展必须遵守的要求，但《工程勘察设计收费标准（2002 年修订本）》仍具有一定的参考意义。

③ 地质勘察工作分阶段逐步细化，主要原因在于地质无论在水平方向还是在垂直方向都富于变化，甚至发生突变，不可完全根据趋势进行预测。因此，随着设计方案的加深，对地质资料详细度的需求会越明显。这个特点是地下管线探测项目和建（构）筑物基础调查项目所不具备的。

（一）勘察目的

可研勘察针对线路方案开展地质勘察工作，其目的为研究线路场地的地质条件，为线位、站位、线路敷设形式施工方法等比选及技术经济论证提供地质依据。

初步勘察针对线路敷设形式、各类工程的结构形式和施工方法等开展工作，为初步设计提供所需的岩土参数、复杂或特殊地段岩土治理的初步建议。

详细勘察针对各类工程的建筑类型、结构形式、埋置深度和施工工法等开展工作，满足施工图设计要求。

施工勘察针对施工方法、工艺的特殊要求和施工中出现的工程地质问题等开展工作，提供地质资料，满足施工方案调整和风险控制的要求。

（二）勘察内容与方法

可研勘察重点研究影响线路方案的不良地质作用、特殊性岩土及关键工程的工程地质条件，以调查和搜集为主，同时开展必要的工程地质勘察工作。

初步勘察应对控制线路平面、埋深及施工方法的关键工程或区段进行重点勘查，并结合工程周边环境提出岩土工程防治和风险控制的初步建议。应查明线路、车站、车辆基地、相关附属设施的工程地质和水文地质条件，分析评价地基基础形式和施工方法的适宜性。采用工程地质调查与测绘、勘探与取样、原位测试、室内试验等多种手段相结合的综合勘察方法。

详细勘察应查明各类工程场地的工程地质和水文地质条件，分析评价地基、围岩及边坡稳定性，预测可能出现的岩土工程问题，提出地基基础、围岩加固与支护、边坡治理、地下水控制、周边环境保护方案建议，提供设计、施工所需的岩土参数。采用勘探与取样、原位测试、室内试验，辅以工程地质调查与测绘、工程物探的综合勘察方法。

各种勘察方法或手段应相互印证，各种勘察结果应综合分析。

（三）勘探点布置和勘探点编号

可研勘察的勘探点布置要求详见本章"四、成果文件及要求（一）经业主审查确认的勘察需求文件"中相关论述。勘探点编号为 M＊Z1－×××。"M＊"代表轨道交通＊号线（＊用大写英文字母排序），"Z"代表勘探点，"1"代表可行性研究阶段，"×××"为三位阿拉伯数字，表示勘探点序号。补充勘察的勘探点，编号形式为 M＊Z1－B×××。

关于初步勘察的勘探点布置，地下车站、地下区间、高架区间及车站、路基涵洞工程、车辆基地、不良地质或特殊岩土段均有不同的勘探点数量要求，其中高架工程的勘探点宜在初拟桩位上。勘探点编号为 M＊Z2－＊×××，"2"为初步勘察阶段，第二个"＊"表示标段。

详细勘察的勘探点应考虑线路特点、施工方法、建（构）筑物的建筑和结构特点布置，除车站主体、地下区间外，出入口、风井、通道、联络通道、渡线、施工竖井与施工通道等其他附属结构应有勘探点控制。勘探点沿结构轮廓线和柱网布设。勘探点编号为M＊Z3－＊＊－×ד3"为详细勘察阶段，"＊＊"为工点代号。

（四）勘探点深度

关于可行性研究勘察的勘探点深度，根据《城市轨道交通岩土工程勘察规范（GB 50307—2012）》第5.3.2条第5点，"勘探孔深度应满足场地稳定性、适宜性评价和线路方案设计、工法选择等需要"。另根据《广州市轨道交通线网岩土工程勘察总体技术要求（第四版）》（2012年5月），"勘探点深度宜进入中、微风化岩5米，原则上不小于35米；孔深最大不超过50米；山岭隧道孔深结合地形条件适当加深"。

关于初步勘察的勘探点深度，根据《城市轨道交通岩土工程勘察规范（GB 50307—2012）》第6.3.5条，地下工程勘探孔深度进入结构底板以下不应小于20米（一般性孔）或30米（控制性孔），在上述范围内如遇中、微风化岩，宜进入结构底板以下不应小于5米（一般性孔）或5~8米（控制性孔）；另根据《广州市轨道交通线网岩土工程勘察总体技术要求（第四版）》（2012年5月），高架工程连续进入基桩桩端持力层（中风化或微风化带）6米（一般性孔）或10米（控制性孔）。

关于详细勘察的勘探点深度，根据《城市轨道交通岩土工程勘察规范（GB 50307—2012）》第7.3.5条和第7.4.4条，地下车站工程勘探孔深度进入结构底板以下不应小于25米（控制性孔）、15米（一般性孔）或进入结构底板以下中风化或微风化岩不应小于5米（控制性孔）、3米（一般性孔），其中立柱桩位置勘探孔应进入连续中风化或微风化岩10米；地下区间工程勘探孔深度进入结构底板以下不应小于3倍隧道直径或宽度（控制性孔）、2倍隧道直径或宽度（一般性孔）或进入结构底板以下中风化或微风化岩不应小于5米（控制性孔）、3米（一般性孔）。

（五）成果报告编制

可研勘察阶段，划分岩土工程分区，以岩土分区为单位统计不同岩土样本，提供统计结果，给出岩土参数范围值。勘察报告宜按照线路（研究范围）编制，提供全线地质纵断面图（断面图需对不同地层进行填色区分），不少于3个横断面图。

初步勘察阶段应整合全线标段，综合划分岩土工程分区，以岩土分区为单位统计不同岩土样本，提供统计结果。以岩土分区为单位进行岩土工程评价。勘察报告按标段编制。提供本勘察标段的初勘地质纵断面图（包括左、右线地质纵断面图），不少于3个横断面图。

详细勘察阶段以工点为单位统计不同岩土样本，提供统计结果，给出设计所需的岩土参数建议值。以工点为单位进行岩土工程评价。勘察报告按工点编制。按工点提供纵断面图，不少于3个横断面图。

第七章

地下管线调查

一、 工作内容及流程

地下管线调查项目工作的主要内容是，调查单位根据业主或设计单位提供的调查需求范围进行地下管线调查工作，调查范围一般为各线路的车站建筑物边界外延 50 米和区间线路中心两侧各 25 米。[①] 如上述范围以外的区域，特别是管线密集区域（或者影响重大的管线）对线路、站位的设置存在影响，则由线路设计总体（前期研究单位）提出，业主研究后决定是否需要扩大调查范围。

地下管线调查项目要求查明的地下管线包括城市地下埋设的给水、排水、煤（燃）气、热力、电力、电信电缆、工业各类管线以及地下管线综合管沟（廊）等。管线探测要查明区域内地下管线的平面位置、埋深（高程）、走向、性质、规格、材质、埋设时间、使用年限以及权属单位等，并测量绘制地下管线平面图及断面图。

工作流程说明如下：

1. 初拟调查范围

地下管线调查范围原则上以合同的工作要求为依据，由线路设计总体（前期研究单位）按线路方案拟出具体的地下管线调查范围需求并提交业主。

业主收到需求函后，需审核线路方案是否准确，依据规范要求和合同要求核实地下管线调查范围后签发确认函，并提交调查单位开展作业。注意：确认函为工程量计算的依据之一。

2. 检查

成果检查一般包括中间抽查和验收前检查。

中间抽查在地下管线调查进行过程中进行；验收前检查在地下管线调查全部完成、验收前进行。中间检查和验收前检查均以现场抽查形式进行。检查内容是对照管线图幅与现

---

① 此范围的选取从技术需求经验角度预估，并非硬性要求。

场实况，核对管线位置、类型、权属单位、直径（管径）、埋深等。检查完成后，应及时完成检查报告，附检查签到表。

3．调查范围的补充和变更

若在前期研究阶段，线路站位方案发生较大变化，如路由调整、增设车站等，则由线路设计总体（前期研究单位）提出补充或变更地下管线调查范围需求，经业主审核同意后，地下管线调查单位方可继续开展地下管线调查工作。若补充或变更地下管线调查范围需求未经业主同意，所发生工作量原则上不纳入合同结算费用。

4．成果验收

业主主持审查，线路设计总体（前期研究单位）、地下管线调查单位共同参加。

二、　工作依据

（1）市投资主管部门同意开展线路可研工作的批复（含工作费用来源落实）。
（2）市规划部门对线路站位方案的基本认可为开展工作的前提。
（3）通过业主审核的地下管道调查方案及相应回复文件（需求函和确认函）。
（4）线路总体调整调查范围或增加工作量等调查工作变更需求函和确认函。

三、　工作职责

（一）业主单位

（1）负责审定地下管线调查需求方案与该工程线路站位方案是否相符，并签发地下管线调查需求工联单。
（2）组织地下管线调查单位开展工作。在调查过程中，控制地下管线探测工作工期，协调处理地下管线调查单位与线路设计总体之间的问题，保证地下管线调查或探测成果满足线路工程可研需要。
（3）组织项目成果中间抽查、验收前检查，以及最终成果的审查验收。

（二）可研总体单位

（1）依据该工程线路站位方案，拟出调查范围。如有管线密集或特殊区域，应在需求中特别提出。
（2）在地下管线探测工作过程中，配合业主完成现场�查工作，检查调查成果是否准确以及是否有遗漏。
（3）线路方案发生变化时，及时主动向业主提出地下管线调查范围变更需求。

（4）地下管线探测完成后，向业主提交地下管线探测成果使用意见，配合业主完成验收。

（三）地下管线调查单位

（1）依据相关行业技术规范，按照经业主审核的地下管线调查范围，完成管线探测工作，提交满足工程可研深度的地下管线调查成果。

（2）配合业主完成相关的协调工作。

（3）按相关要求办理各类施工和搜集资料的手续。

（4）地下管线调查单位需对调查行为、探测行为及与相关管线权属单位和使用单位的协调工作负责。

四、 成果文件及要求

（1）经业主审查确认的调查需求文件。

（2）工程可研地下管线探测报告。

地下管线调查单位需提交成果报告。具体要求如下：

①成果报告资料完整，内容可靠，条理清晰，文字、表格、图件相符。

②成果报告包括管线总结报告、综合地下管线点成果表、地下管线点成果表。具体要求如下：

A. 地下管线图编制：

a. 平面控制采用某城市平面坐标系；

b. 高程控制采用某城市高程坐标系。

图幅规格及分幅应与城市 1∶500 地形图一致，图号沿用城市已有的 1∶500 比例尺地形图图号。

B. 成果资料：

a. 地下管线文字报告；

b. 综合地下管线点成果表，平面图 1∶500，断面图 1∶200；

c. 地下管线点成果表；

d. 补测控制网应提交控制网成果资料。

③成果报告正文部分需提出管线密集作用对工程的影响及建议。

（3）中间抽查和验收前检查报告。

成果检查以现场抽查形式进行，在检查进行前，可请线路设计总体提出检查路段。

（4）线路设计总体（可研总体单位）对地下管线调查成果使用情况的书面意见。

一般在验收会议前发函请线路设计总体提供，要求函件回复。

（5）验收会议纪要。

验收会议纪要附件应包括（但非全部）：调查范围需求函、地下管线调查项目工作量清单、验收前检查报告、可研总体单位使用意见等。

五、 合同委托

2018 年 5 月 18 日，《国务院办公厅关于开展工程建设项目审批制度改革试点的通知》（国办发〔2018〕33 号）提出：以"多规合一"的"一张蓝图"为基础，统筹协调各部门提出项目建设条件。据此，试点城市在试点工作中开始提出：在满足数据安全保密要求的前提下，应一次性提供包括总体规划、土地利用总体规划和控制性详细规划在内的规划控制要求，同步向建设单位提供地下管线图和地形图，作为开展相关工作的参考。若是上述管线图和地形图与现状不一致且影响工程设计的，建设单位应委托测量单位进行实地测量，出具实测管线图及地形图。

2019 年 3 月 26 日，《国务院办公厅关于全面开展工程建设项目审批制度改革的实施意见》（国办发〔2019〕11 号）将"多规合一"的"一张蓝图"、"统筹协调各部门对工程建设项目提出建设条件以及需要开展的评估评价事项等要求"等做法推广全国。

（一）资质要求

城市地下管线调查行业的监督与管理涉及自然资源部、住建部以及地方规划和市政部门。

1. 测绘资质

2021 年 6 月 7 日，自然资源部办公厅发布了《自然资源部办公厅关于印发测绘资质管理办法和测绘资质分类分级标准的通知》（自然资办发〔2021〕43 号）。根据《测绘资质管理办法》，测绘资质的专业类别划分为：大地测量、测绘航空摄影、摄影测量与遥感、工程测量、海洋测绘、界线与不动产测绘、地理信息系统工程、地图编制、导航电子地图制作、互联网地图服务。根据《测绘资质分类分级标准》，工程测量专业又划分为 11 个专业类型：控制测量、地形测量、规划测量、建筑工程测量、变形形变与精密测量、市政工程测量、水利工程测量、线路与桥隧测量、地下管线测量、矿山测量、工程测量监理。

《测绘资质分类分级标准》关于地下管线测量仪器技术装备内容中提到应当配备"地下管线探测仪"等相应的专业仪器设备。2014 年 7 月 1 日国家测绘地理信息局印发的老版《测绘资质分级标准》（国测管发〔2014〕31 号）明确地下管线测量工作的作业限额：甲级无作业限额，乙级限额为管线长度 300 千米以下，丙级限额为管线长度 200 千米以下，丁级限额为管线长度 100 千米以下。新版《测绘资质分类分级标准》将上述老版标准的作业限额删除了，即在地下管线测量工作方面，甲级和乙级已无区别。

根据上述情况，本项目若要求自然资源部颁发的测绘资质证书，则需提供工程测量专业测绘资质（业务类型含地下管线测量）。

2. 工程勘察资质

根据《工程勘察资质标准》，工程勘察范围包括建设工程项目的岩土工程、水文地质勘察和工程测量。《工程勘察资质标准》附件3《工程勘察项目规模划分表》中关于工程测量之综合地下管线测量项目承包规模明确为：甲级承包总长度20千米及以上综合地下管线测量；乙级承包总长度20千米以下综合地下管线测量；丙级承包长度不超过5千米的单一地下管线测量。城市轨道交通沿线的地下管线较长，若在市区则同时覆盖7～10条；若在郊区虽然覆盖条数会少一些，但郊区的轨道交通线路较长，其沿线的地下管线长度一般都会远远突破20千米的限额标准。根据上述情况，本项目若要求住建部颁发的工程勘察资质证书，则需提供工程勘察综合类甲级资质或工程勘察专业类工程测量甲级资质。

综上所述，地下管线调查（探测）项目对承包商的资质要求为工程测量专业测绘资质（业务类型含地下管线测量）或工程勘察综合类甲级资质或工程勘察专业类工程测量甲级资质。

（二）委托方式

地下管线调查（探测）项目一般费用较大，为形成良好竞争环境，通常采取公开招标的形式选择调查（探测）单位。在符合招标投标法的情况下，也可采取直接谈判方式进行委托。

（三）计价原则

本项目可以管线千米为计价单位，也可以正线千米（分为市区线路和郊区线路两种，由预估管线千米折算而来）为计价单位，综合单价包干。通常以公开招标方式确定综合单价，以工作量（管线千米数或者正线千米数）按实结算。

在实际招标中，以线路的控制合价和预算工程量（管线千米数）控制投标费用，但投标综合单价应按照管线千米数和投标报价折算成正线千米指标，取计价综合单价，并结合最终可研批复的线路长度进行合同结算。

第八章

房屋基础调查

一、 工作内容及流程

房屋基础调查工作的主要内容是搜集沿线建（构）筑物的资料，以满足工程可研报告编制及线路选线、车站选址、方案比选的要求。房屋基础调查对象为线路两侧 30 米范围[①]内的高层建筑物（十层以上）、构筑物（高架桥、立交桥、人行天桥、码头、人防工程、地下隧道、邮政通道等地下工程）、重要地段的多层建筑物，以及市政工程、航道等。本项工作也称为建（构）筑物基础调查。

工作流程说明如下：

1. 初拟调查范围

房屋基础调查范围原则上以合同的工作要求为依据，由线路设计总体（前期研究单位）按线路方案拟出具体的房屋基础调查范围需求，并以需求函形式提交业主。其中，如地形图测量工作已完成，可以附图说明房屋搜集具体位置。如超出一般搜集范围，但对线路站位方案确定有重要影响的，应在需求中特别指出。

业主收到需求函后，需审核线路方案是否准确，依据合同要求核实房屋基础调查范围后签发确认函，并提交给调查单位开展作业。注意：确认函纳为工程量计算依据之一。

2. 检查

成果检查一般包括中间抽查和验收前检查。

中间抽查在调查工作进行过程中进行；验收前检查在调查全部完成、验收前进行。检查完成后，应及时完成检查报告，附检查签到表。

3. 调查范围的补充和变更

若在前期研究阶段，线路站位方案发生较大变化，如路由调整、增设车站等，则由线

---

① 此范围的选取从技术需求经验角度预估，并非硬性要求。

路设计总体（前期研究单位）按设计需求提出增加或变更房屋基础调查范围要求，经业主审核同意后，房屋基础调查单位方可继续开展房屋基础调查工作。若补充或变更房屋基础调查范围需求未经业主同意，所发生工作量原则上不纳入合同结算费用。

4. 验收

业主主持审查，线路设计总体、房屋调查单位共同参加。

二、 工作依据

（1）市投资主管部门同意开展线路可研工作的批复（含工作费用来源落实）。
（2）市规划部门对线路站位方案的基本认可为开展工作的前提。
（3）通过业主审核的房屋基础调查范围方案及相应回复文件。
（4）线路总体调整调查范围或增加工作量等调查工作变更需求函。

三、 工作职责

（一）业主单位

（1）负责审定房屋基础调查范围方案与该工程线路站位方案是否相符，并签发工联单以开展该项目工作。
（2）组织房屋基础调查开展工作。在调查过程中，控制房屋基础调查工作工期，协调房屋基础调查单位与线路设计总体之间的问题，保证调查成果满足线路工程可研的需要。
（3）组织项目成果中间抽查、验收前检查，以及最终成果的审查验收。

（二）可研总体单位

（1）依据该工程线路站位方案，拟出房屋基础调查范围。如有房屋密集或特殊区域，应在需求中特别提出。
（2）在房屋基础调查工作过程中，配合业主完成现场抽查工作，检查调查成果是否准确以及是否有遗漏。
（3）方案发生变化时，及时主动向业主提出房屋基础调查范围变更需求。
（4）房屋基础调查完成后，向业主提交房屋基础调查成果使用意见，配合业主完成验收。

（三）房屋基础调查单位

（1）依据相关行业技术规范，按照经业主审核的房屋基础调查范围，完成房屋基础调查工作，提交满足工程可研深度的成果。

（2）配合业主完成相关的协调工作。

（3）按相关要求办理各类施工和搜集资料的手续。

（4）房屋基础调查单位需对调查行为以及与权属单位（如房屋户主等）、使用单位的协调工作负责。

四、 成果文件及要求

（1）经业主审查确认的调查需求文件。

（2）工程可研房屋基础调查报告。

要求房屋基础调查报告资料完整，内容可靠，条理清晰，文字、表格、图件相符。具体要求如下：

①成果报告内容：

建（构）筑物+0.00的平面图及其坐标（竣工资料）；建（构）筑物地下室、桩（柱）结构平面图、建筑平面图、立面图、剖面图（竣工资料）；建（构）筑物基础类型、桩径、桩长、桩底标高等（竣工资料）；建（构）筑物地质勘察报告；建（构）筑物综合地下管线资料；建（构）筑物属性（主要特征、产权单位、使用单位、使用性质、修建年代等）；建（构）筑物外观照等。

②成果要求及形式：

A. 综合调查报告：根据调查所得的建（构）筑物和管线资料，分析其对地铁线路走向、埋深和施工的影响等；

B. 建（构）筑物调查统计表：内容包括建（构）筑物主要特征、产权单位、使用单位、使用性质、修建年代等；

C. 建（构）筑物图件：将收集到的建（构）筑物平面布置、地下构筑物的埋深、桥梁的平面布置和埋深等，均按1∶500比例标注在地形图上；

D. 提供建筑物桩基础坐标统计表（可在图上表示）；

E. 提供建筑、桥梁图纸及实际拍摄的数码照片。

（3）中间抽查和验收前检查报告。

成果检查以现场抽查形式进行，在检查进行前，请线路设计总体提出检查路段。

（4）线路设计总体（可研总体单位）对房屋基础调查成果使用情况的书面意见。

一般在验收会议前发函请线路设计总体提供，要求函件回复。

（5）验收会议纪要。

验收会议纪要附件应包括（但非全部）：调查范围需求函、房屋基础调查项目工作量清单、验收前检查报告、可研总体单位使用意见等。

五、 合同委托

（一） 资质要求

1. 工程勘察资质

根据《地下铁道、轻轨交通岩土工程勘察规范》（GB 50307—1999）关于"调查沿线重要建筑物的地基条件、基础类型、上部结构和使用状态"的要求以及新版《城市轨道交通岩土工程勘察规范》（GB 50307—2012）第十七章，地下管线调查与房屋基础调查［建（构）筑物基础调查］属于工程周边环境专项调查。两份规范均详细阐述了调查要求，并对成果有具体规定。根据上述情况，本项目属于岩土工程勘察工作范畴，若要求住建部颁发的工程勘察资质证书，则需工程勘察综合类甲级资质或工程勘察专业类岩土工程勘察甲级资质或工程勘察专业类岩土工程物探测试检测监测甲级资质。[①]

2. 测绘资质

2021 年 6 月 7 日，自然资源部办公厅发布了《自然资源部办公厅关于印发测绘资质管理办法和测绘资质分类分级标准的通知》（自然资办发〔2021〕43 号）。根据《测绘资质管理办法》，测绘资质的专业类别划分为：大地测量、测绘航空摄影、摄影测量与遥感、工程测量、海洋测绘、界线与不动产测绘、地理信息系统工程、地图编制、导航电子地图制作、互联网地图服务。根据《测绘资质分类分级标准》，工程测量专业又划分为 11 个专业类型：控制测量、地形测量、规划测量、建筑工程测量、变形形变与精密测量、市政工程测量、水利工程测量、线路与桥隧测量、地下管线测量、矿山测量、工程测量监理。房屋基础调查［建（构）筑物基础调查］可认为属于建筑工程测量、市政工程测量、线路与桥隧测量等工作范畴。2014 年 7 月 1 日国家测绘地理信息局印发的老版《测绘资质分级标准》（国测管发〔2014〕31 号）明确工程测量专业乙级测绘资质承担限额如下：建筑工程测量的建筑范围在 1 平方千米以下、单个建筑物 10 万平方米以下；市政工程测量的工程范围为特大城市的一般道路或大中型城市的主干道路、一般立交桥；线路与桥隧测量的工程范围为多孔跨径总长在 100 米以下的桥梁、4 千米以下的隧道。根据上述老版标准情况，若要求自然资源部颁发的测绘资质证书，则需甲级测绘资质（业务范围含建筑工程测

---

① 要求甲级的原因可参见本书第六章"地质选线勘察"中"五、合同委托（一）资质要求"，或参见《工程勘察资质标准》附件 3《工程勘察项目规模划分表》相应条款。

量、市政工程测量、线路与桥隧测量等)。① 新版《测绘资质分类分级标准》将上述老版标准的作业限制范围进行了简化，只保留了单个建筑物 10 万平方米及以上的建筑工程测量、4 千米及以上隧道工程测量作为乙级限制作业范围，其余均删除。由于市区的城市轨道交通沿线很容易碰到大型建筑物（即建筑面积超过 10 万平方米的建筑物），因此，若要求自然资源部颁发的测绘资质证书，仍需工程测量专业甲级测绘资质（业务类型含建筑工程测量、市政工程测量、线路与桥隧测量等）。

综上所述，房屋基础调查［建（构）筑物基础调查］项目对承包商的资质要求为工程测量甲级测绘资质（业务类型含建筑工程测量、市政工程测量、线路与桥隧测量等）或工程勘察综合类甲级资质或工程勘察专业类岩土工程勘察甲级资质或工程勘察专业类岩土工程物探测试检测监测甲级资质。

（二）委托方式

房屋基础调查项目一般费用较大，为形成良好竞争环境，通常采取公开招标的形式选择调查单位。在符合招标投标法的情况下，也可采取直接谈判方式进行委托。

（三）计价原则

本项目可以调查的建（构）筑物座数为计价单位，综合单价包干。建（构）筑物的类型分为 4～9 层建筑及人行天桥、9 层以上及高架桥两类，综合单价也相应分为两种。通常以公开招标方式确定该两种综合单价，以工作量［建（构）筑物座数］按实结算。

---

① 若轨道交通线路长 17 千米，房屋基础调查范围为两侧 30 米（共 0.06 千米带宽），则建筑范围为 17 千米 ×0.06 千米 =1.02 平方千米，大于 1 平方千米；或轨道交通线路跨越一般立交桥；以上情况需相应工程测量甲级测绘资质。

第九章

地形图修测与控制网测量

一、 工作内容及流程

（一）主要工作内容

1. 地形图修测

测量线路沿线（包括比选路由）中心线两侧 150 米范围[①]内、车辆段（停车场）及出入段线范围内的地形（水下地形）并编制 1∶500 数字地形图，在此基础上编绘 1∶2 000 数字地形图。

2. 控制网测量及布设

线路沿线测量并建立二等 GPS 框架网、三等 GPS 控制网和二等水准控制网，同时埋设控制点。

（二）在可研或设计工作中的作用和意义

地形图资料是开展可研工作必备的基础资料。地形具有时效性，每隔一段时期，工程实施地的地形就发生较大变化，使用旧有地形资料不仅不能很好地指导工程设计工作，反而可能会导致设计过程存在遗漏重要地物的风险，因此一般在开展城市轨道交通项目工程可研前，需委托地形测绘单位对线路沿线（包括比选方案）中心线两侧 150 米内、车辆段和停车场范围内地形进行重新测量，以获得最新地形资料，提高设计的可靠性。

控制网测量及布设同时服务于设计和施工两个阶段。测绘单位首先会从已知控制点引申，沿线路测量并布设平面控制点及水准控制点，然后根据控制点的坐标信息，测量沿线地物的位置，编制地形图。另外，测绘单位会在每处车站附近布设控制点，以便日后施工时进行放线等工作。

---

① 此范围的选取从技术需求经验角度预估，并非硬性要求。

二、　工作依据

（1）市投资主管部门同意开展线路可研工作的批复（含工作费用来源落实）。

（2）市规划部门对线路站位方案的基本认可为开展工作的前提。

（3）通过业主审核的地形图修测和控制网测量方案及相应回复文件（包括下达的需求函）。

（4）线路总体调整调查范围或增加工作量等调查工作变更需求函。

三、　工作职责

（一）业主单位

（1）负责委托相关单位开展工作。轨道交通涉密项目通常情况下需提前做如下工作：

①申请认定项目为保密项目；

②申请项目免招标委托。[①]

（2）负责审定测量范围与该工程线路、站位、车辆段和停车场等规划审批方案是否相符。

（3）督促测绘单位按时完成测量工作并将满足精度要求的成果提交给可研单位，以保证满足线路工程可研工作需要。

（4）核实测量的工作量及难度，确保合同费用与其相匹配，并及时组织成果验收。

（二）可研总体单位

（1）依据该工程线路站位方案，拟出地形图测量范围需求，以正式文件报业主审查。

（2）方案发生变化时，及时主动向业主提出地形图测量范围变更需求。

（3）地形图测量完成后，及时向业主提交地形资料使用意见并作出评价，配合业主完成验收。

（4）须与业主签订保密协议，有责任对地形资料保密。

（三）地形图修测及控制网测量单位

（1）依据相关行业技术规范，按业主要求审核的地形图测量范围，完成地形图修测工作，提供满足精度要求的地形资料，以满足工程可研工作。

（2）控制网测量的布设控制点需满足相关质量要求，尤其是精度需满足后续建设

---

① 申请免招标为地形图修测及控制网测量项目委托方式在合法范围内的一种选择，非唯一选择。具体投标人（承包商）要求详见本章"五、合同委托（一）资质要求"。

需求。

（3）测量与布点工作中，按相关要求，办理现场测绘工作所需一切手续①，尤其注意项目报备②和成果管理方面。

（4）负责处理相关协调工作，包括布设点的维护（移交业主或施工单位之前）。

（5）需配合业主对所承包的工程测绘成果进行保密工作。③

四、 成果文件及要求

（1）经业主审查确认的勘察需求文件。

（2）地形图修测。

①1∶500 及 1∶2 000 黑墨薄膜地形图；

②1∶500 及 1∶2 000 地形图晒蓝图；

③1∶500 及 1∶2 000 数字地形图数据盘，数据格式为 DWG；

④平面和高程等级控制点点之记；

⑤平面和高程等级控制点成果资料；

⑥技术设计书及技术总结书。

（3）控制网测量及布设。

①平面和水准控制网点点之记资料；

②平面控制测量成果资料、网图；

③高程控制测量成果资料、网图；

④技术设计书和技术总结书；

⑤平差计算成果表。

（4）中间抽查报告和验收前检查报告。

（5）线路设计总体（前期研究单位）提供的使用效果书面意见。

（6）验收会议纪要。

---

① 具体手续要求不局限于现场测绘的要求，如许可证书、测绘作业证、测绘项目备案以及向市测绘行政主管部门提交的测绘成果副本等。

② 有些省份会要求从事测绘活动的单位于测绘活动实施前到项目所在地的各地级以上市自然资源管理部门申请备案。

③ 尽管某些条款"鼓励非基础测绘成果实行共建共享"，但鉴于轨道交通具有人防性质，仍有地方要求保密。

五、　合同委托

2018 年 5 月 18 日，《国务院办公厅关于开展工程建设项目审批制度改革试点的通知》（国办发〔2018〕33 号）提出：以"多规合一"的"一张蓝图"为基础，统筹协调各部门提出项目建设条件。据此，某些试点城市在试点工作中开始提出：在满足数据安全保密要求的前提下，应一次性提供包括总体规划、土地利用总体规划和控制性详细规划在内的规划控制要求，同步向建设单位提供地下管线图和地形图，作为开展相关工作的参考。若是上述管线图和地形图与现状不一致且影响工程设计的，建设单位应委托测量单位进行实地测量，出具实测管线图及地形图。

2019 年 3 月 26 日，《国务院办公厅关于全面开展工程建设项目审批制度改革的实施意见》（国办发〔2019〕11 号）将"多规合一"的"一张蓝图"、"统筹协调各部门对工程建设项目提出建设条件以及需要开展的评估评价事项等要求"等做法推广全国。

（一）　资质要求

1. 测绘资质

2021 年 6 月 7 日，自然资源部办公厅发布了《自然资源部办公厅关于印发测绘资质管理办法和测绘资质分类分级标准的通知》（自然资办发〔2021〕43 号）。根据《测绘资质管理办法》，测绘资质的专业类别划分为：大地测量、测绘航空摄影、摄影测量与遥感、工程测量、海洋测绘、界线与不动产测绘、地理信息系统工程、地图编制、导航电子地图制作、互联网地图服务。根据《测绘资质分类分级标准》，工程测量专业又划分为 11 个专业类型：控制测量、地形测量、规划测量、建筑工程测量、变形形变与精密测量、市政工程测量、水利工程测量、线路与桥隧测量、地下管线测量、矿山测量、工程测量监理。

2014 年 7 月 1 日国家测绘地理信息局印发的老版《测绘资质分级标准》（国测管发〔2014〕31 号）明确了工程测量专业的乙级资质作业限额：不得承担国家重点建设工程，控制测量三等以下，1：500 比例尺在 30 平方千米以下，1：1 000 比例尺在 50 平方千米以下，1：2 000 比例尺在 80 平方千米以下。轨道交通属于国家审批建设项目，因此根据上述老版标准的规定，则需工程测量甲级测绘资质（业务类型含控制测量、地形测量）。新版《测绘资质分类分级标准》将上述老版标准的作业限制范围进行了简化，只保留了二等及以上控制测量作为乙级限制作业范围，其余均删除。由于本项目涉及建立二等 GPS 框架网，因此，若要求自然资源部颁发的测绘资质证书，仍需工程测量专业甲级测绘资质（业务类型含控制测量、地形测量）。

2. 工程勘察资质

根据《工程勘察资质标准》，工程勘察范围包括建设工程项目的岩土工程、水文地质勘察和工程测量;《工程勘察资质标准》附件3《工程勘察项目规模划分表》明确了工程测量承包规模:甲级承包国家重点项目的首级控制测量、三等及以上 GNSS 控制测量、四等及以上导线测量、二等及以上水准测量、20 千米及以上的线路工程测量。轨道交通属于国家审批项目,因此本项目若要求住建部颁发的工程勘察资质证书,则需工程勘察综合类甲级资质或工程勘察专业类工程测量甲级资质。

3. 城市规划测绘资格证书①

根据《广东省建设厅关于加强城市规划测绘管理的通知》(粤建规字〔2003〕165号)要求,省建设厅"开展城市规划测绘资格核准工作";"核准对象主要是市、县(市)城市规划行政主管部门属下的,以及较大的中心镇规划建设管理部门属下的城市规划测绘单位。原则上对每个市、县(市)和较大的中心镇只核准 1 家单位";"经核准资格的城市规划测绘单位,由建设厅根据其技术力量、设备等实际情况,具体确定其可在全省开展的城市规划测绘业务"②;"城市规划测绘单位到项目所在地的市、县城市规划行政主管部门交验《城市规划测绘资格证》,并经查验后,方可承揽城市规划测绘任务"③。

综上所述,轨道交通地形图修测和控制网测量项目资质要求为工程测量甲级测绘资质(业务范围含控制测量、地形测量)或工程勘察综合类甲级资质或工程勘察专业类工程测量甲级资质,并需同时具备广东省建设厅颁发的《城市规划测绘资格证》。

(二) 委托方式

1. 关于本项目保密属性的确定

根据老版的《国家测绘局、国家保密局关于印发〈测绘管理工作国家秘密范围的规定〉的通知》(国测办字〔2003〕17 号)中测绘管理工作国家秘密目录第 5 条:"国家等级控制点坐标成果以及其他精度相当的坐标成果。"第 15 条:"非军事禁区 1∶5 000 国家基本比例尺地形图;或多带连续的、覆盖范围超过 6 平方千米的大于 1∶5 000 的国家基本比例尺地形图及其数字化成果。"本项目的控制网测量成果属于国家等级控制点坐标成果,满足第 5 条规定;若线路长度为 20 千米,两侧 150 米形成带宽 0.3 千米,该线路地形图的面积即为 6 平方千米,则满足第 15 条规定。

---

① 本项不属于资质要求,而属于资格要求。
② 《广东省建设厅关于加强城市规划测绘管理的通知》中"原则上对每个市、县(市)和较大的中心镇只核准 1 家单位"并非意味着在每个市、县(市)和较大的中心镇区域内只能由该核准单位进行测绘作业。
③ 该条会根据政策随时调整。

　　2020 年 6 月 18 日，《自然资源部国家保密局关于印发〈测绘地理信息管理工作国家秘密范围的规定〉的通知》（自然资发〔2020〕95 号）中测绘地理信息管理工作国家秘密目录第 16 条："军事禁区和军事管理区以外带有名称、属性、位置等信息的国家等级控制点的坐标成果。"第 18 条："军事禁区以外连续覆盖范围超过 25 平方千米的大于 1∶5 千的国家基本比例尺地形图（模拟产品）及其全要素数字化成果。"本项目的控制网测量成果属于国家等级控制点坐标成果，仍然满足新版目录第 16 条规定；若要满足新版目录第 18 条规定，在单条线路情况下（即不成网），长度需要达到 83 千米。但由于城市轨道交通通常情况下都是形成网络，线路之间相互交织，且因为城市发展外扩或都市圈的发展，长大线路已成常态，因此仍然很容易满足新版目录第 18 条规定。

　　2．关于可以不招标的相关规定

　　（1）最新的《中华人民共和国招标投标法》（2017 年 12 月 27 日十二届全国人大常委会第三十一次会议修正）第六十六条规定："涉及国家安全、国家秘密、……，不适宜进行招标的项目，按照国家有关规定可以不进行招标。"

　　（2）《广东省测绘条例》（2014 年 9 月 25 日省十二届人大常委会第十一次会议修改）第二十四条规定："测绘项目应当实行招标的，按照国家和省有关招投标的规定执行。涉及国家安全、国家秘密，或者法律法规规定不适宜招标的测绘项目，可以不进行招标。"

（三）计价原则

　　项目采用综合单价包干形式，按实际工作量进行结算。收费标准、优惠率参照国家测绘局 2002 年颁布的《测绘工程产品价格》标准计费，可双方谈判浮动比例。

第十章

客流预测与站点分向客流预测

一、 工作内容及流程

（一） 客流预测

1. 项目的意义和对可研工作的作用

一条线路的客流规模对线路建设的必要性和经济效益有至关重要的影响。客流预测规模影响系统制式的选择，客流 OD 分布影响行车组织方案的设计、交路折返线设置，进而影响含折返线的车站整体规模，两者共同影响车辆采购规模、投资估算和运营成本。客流的车站集散量和上下车人数将影响车站设计规模（站厅、站台）。更为重要的是，轨道交通的票务收入是项目的主要运营收入来源，因此客流预测数值深刻地影响甚至决定着项目的财务评价，进而影响项目建设的必要性。同时，客流敏感性分析也影响着财务风险，换乘站的分方向换乘客流对车站平面布置和换乘通道设计的影响很大。

早在 2003 年，《国务院办公厅关于加强城市快速轨道交通建设管理的通知》（国办发〔2003〕81 号）就明确要求，申报发展地铁的城市需达到如下条件：规划线路的客流规模达到单向高峰小时 3 万人以上；申报发展轻轨的城市需达到如下条件：规划线路的客流规模达到单向高峰小时 1 万人以上。

到 2015 年，《国家发展改革委关于加强城市轨道交通规划建设管理的通知》（发改基础〔2015〕49 号）更是要求：拟建地铁初期负荷强度不低于每日每千米0.7 万人次，拟建轻轨初期负荷强度不低于每日每千米 0.4 万人次。

2018 年，《国务院办公厅关于进一步加强城市轨道交通规划建设管理的意见》（国办发〔2018〕52 号）要求：拟建地铁、轻轨线路初期客运强度分别不低于每日每千米 0.7 万人次、0.4 万人次，远期客流规模分别达到单向高峰小时 3 万人次以上、1 万人次以上。

客流预测工作任务如下：

（1）明确研究线路在轨道网络中的地位和作用，明确其客流性质。

（2）掌握研究线路的客流发展特征。

（3）科学预测研究线路客流的各项指标，支持研究线路可研报告的编制。

2．客流预测的输入性条件

（1）城市规划，尤其是国土空间规划报告。
（2）城市综合交通规划。
（3）居民出行调查报告。
（4）轨道交通线网规划。
（5）轨道交通近期建设规划。
（6）沿线重点区域城市设计及控制性详细规划。
（7）其他技术性研究指标，如轨道交通对出行的影响等。

3．主要研究内容

（1）线路的功能定位及各站点现状及规划情况。
（2）线网客流：在远景线网客流预测基础上，对项目远期设计年限建成的线网规模的全日客流总量进行预测；预测各条线路的全日客流总量和客流负荷强度，并对各条线路的客流进行总量控制与分析。
（3）全线客流：预测各年限全日、分时段的客流量及其比例，全日和高峰小时的平均运距及平均客流负荷强度，全日各级运距的乘客量。
（4）车站客流：预测各年限全日、早、晚高峰小时的各车站上、下行的乘降客流和站间断面流量。
（5）OD 客流：制作各年限全日、高峰小时的各车站站间 OD 表；对于跨越不同区域的线路，应进行各区域的内、外 OD 客流预测，做好客流特征分析。
（6）换乘客流：预测全日和高峰时段各换乘车站的换乘客流量及其占车站总客流量的比重。应预测相关线路之间不同方位和方向的换乘客流。
（7）客流特征分析：绘制客流年递增曲线，进行敏感性分析、客流特征分析和风险评价，合理确定需求规模。
（8）票价、发车间隔等因素对客流量及高峰断面的影响分析。

（二）站点分向客流预测

1．项目意义

站点分向客流预测是在上层线路客流预测的基础上，根据站点周边现状和未来详细的土地规划以及各种可能接驳设施的布局，预测站点各年份、各方向、各个出入口客流情况的工作。它是初步设计阶段站点设计工作的重要基础，能深刻影响站点出入口的设置，出入通道的设计规模、出入闸机的设置方案及数量等。

2．主要研究内容

（1）沿线基本情况的调查及基础资料的收集，包括地铁站周边地区的用地性质调查。

（2）细化站点周边情况，深化客流预测模型，修正和校核模型参数。

在线路客流预测的基础上，详细研究站点的步行与其他接驳方式的条件，预测步行与其他接驳方式集散客流的效果，考虑接驳设施与各出入口的空间关系，预测每个出入口承担的接驳客流。

根据站点周边土地利用情况，预测步行客流在各个方向的比例，考虑各方向步行通道与出入口的关系，从而估算出出入口步行客流规模。考虑行人过街设施和相邻道路过街条件等因素，估算出出入口过街人流规模。

叠加步行客流、接驳客流和过街人流估算出各出入口通过人流规模。

（3）预测站点出入口客流，及各个车站出入口全日、高峰时段的分担客流。

通过分析站点集散客流时间分布特征，根据站点周边土地利用性质，研究站点集散客流的小时分布和小时内部分布特点，考虑时间变化对客流的影响。

（4）对设计的各出入口进行分析评价。

站点分向客流预测研究工作的深度需满足：支持城市轨道交通初步设计阶段站点出入口设计。

二、 工作依据

（一）客流预测项目

（1）市投资主管部门同意开展线路可研工作的批复（含工作费用来源落实）。

（2）市规划部门对线路站位方案的基本认可为开展工作的前提。

（二）站点分向客流预测项目

（1）市投资主管部门同意开展线路可研工作的批复（含工作费用来源落实）。

（2）线路工程初步设计方案基本稳定为开展工作的前提。

三、 工作职责

（一）业主单位

（1）通过公开招标选择或直接委托线路客流预测研究单位和站点分向客流预测研究单位，下达委托任务书（作为合同附件）。

（2）组织前期研究单位按期完成《客流预测研究报告》《站点分向客流预测研究报告》。

（3）组织各层级及全国专家审查《客流预测研究报告》。

（二）可研总体单位

（1）向客流预测研究单位提供基本稳定的线路、站位规划方案。

（2）在业主审查会上，向业主和客流预测研究单位反馈有关客流数据的意见，配合业主完成审查验收。

（三）初步设计单位

（1）向站点分向客流预测研究单位提供站点初步设计与初步方案。

（2）在业主审查会上，向业主和站点分向客流预测研究单位反馈有关站点各出入口客流数据的意见，配合业主完成审查验收。

（四）客流预测研究单位

（1）依据批复的城市轨道交通线网规划和建设规划，收集相关城市规划、土地利用规划、综合交通规划、控制性详细规划，以及城市人口、地形地貌、地质条件、道路交通等相关基础资料。

（2）依据城市总体规划纲要或国土空间规划、综合交通规划、轨道交通线网规划深化方案、轨道交通线网近期建设规划、居民出行调查报告等基础资料，研究线路在轨道网络中的地位和作用、客流性质、客流发展特征，并编制客流预测报告。

（3）配合业主组织各层级及全国专家审查《客流预测研究报告》。

（五）站点分向客流预测研究单位

（1）收集相关城市规划、土地利用规划、城市人口等相关基础资料。

（2）预测各个车站出入口全日、高峰时段的分担客流并编制《站点分向客流预测研究报告》。

（3）配合业主审查验收《站点分向客流预测研究报告》。

四、 成果文件及要求

（1）客流预测研究报告，要求通过业主审查和全国专家审查验收。

（2）站点分向客流预测研究报告，要求通过业主审查验收。

（3）根据国标《城市轨道交通客流预测规范》（GB/T 51150—2016）4.2.2 条，基础年城市交通数据应采用 5 年内的城市交通综合调查或专项调查数据。住建部发布的《城市轨道交通工程项目规范》（GB 55033—2022）2.2.2 条有相同规定。

五、 合同委托

（一）资质要求

国家暂无相关法规、行规对客流预测与站点分向客流预测研究项目承接单位提出资质要求。但是客流预测工作属于城市规划中交通专项规划工作内容，《中华人民共和国城乡规划法》（2019）第二十四条规定："城乡规划组织编制机关应当委托具有相应资质等级的单位承担城乡规划的具体编制工作。"《城市规划编制单位资质管理规定》（2001）第九条规定，各种专项规划和编制（含修订或者调整）需由城市规划乙级或以上单位承担。2016 年 10 月 20 日，住建部修订了《城乡规划编制单位资质管理规定》，对乙级单位承担业务范围进行了调整，规定乙级单位只能承担登记注册所在地城市和 100 万现状人口以下城市相关专项规划的编制。但考虑到客流预测仅是交通专项规划的部分工作内容，业主一般要求客流预测和站点分向客流预测承接单位需具备城市规划乙级或以上资质。

（二）委托方式

本项目通常采用公开招标方式进行委托。在符合招标投标法的情况下，也可以采取直接谈判方式进行委托。

（三）计价原则

1. 客流预测研究

本项目为总价包干项目，可以每千米的单价为计价基础。开展深化客流预测研究时，由于相关基础资料收集工作不需重复，费用通常会在此基础上打折。

为使合同管理清晰有据，若线路站位方案发生重大调整，合同可作出如下类似约定："客流预测报告在业主组织的专家验收成果前，合同价格不作任何增加或减少。专家验收后，若合同项目范围发生变化，双方根据工作量情况另行约定相关事宜，但增加费用不超过原价格的 80%。"

2. 站点分向客流预测

本项目为总价包干项目，可以每个站点的单价为计价基础。

为使合同管理清晰有据，若线路站位方案发生重大调整，合同可作出如下类似约定："站点分向客流预测报告在业主组织的专家验收成果前，合同价格不作任何增加或减少。专家验收后，若合同项目范围发生变化，双方根据工作量情况另行约定相关事宜，但增加费用不超过原价格的 80%。"

第十一章

节能报告

一、 工作内容

（一）项目作用与意义

本项工作起始于 2010 年 9 月 17 日国家发展改革委发布的《固定资产投资项目节能评估和审查暂行办法》，该暂行办法第三条对节能评估进行了定义：节能评估是指根据节能法规、标准，对固定资产投资项目的能源利用是否科学合理进行分析评估，并编制节能评估报告书、节能评估报告表（统称节能评估文件）或填写节能登记表的行为。

2016 年 11 月 27 日国家发展改革委发布的《固定资产投资项目节能审查办法》提出节能审查意见是项目开工建设、竣工验收和运营管理的重要依据，要求建设单位编制投资项目节能报告并取得省级节能审查机关出具的节能审查意见。该办法取消了报告表或登记表的做法，并明确了不单独编制节能报告的年能源、电力消费量标准或具体行业目录。2023 年 3 月 28 日修订的《固定资产投资项目节能审查办法》保留了上述内容。

（二）审批部门的说明

根据《固定资产投资项目节能评估和审查暂行办法》第九条，固定资产投资项目节能审查按照项目管理权限实行分级管理。由地方人民政府发展改革部门审批、核准、备案或核报本级人民政府审批、核准的项目，其节能审查由地方人民政府发展改革部门负责。

同时，该办法第十条还规定实行审批或核准制的固定资产投资项目，建设单位应在报送可研报告或项目申请报告时，一同报送节能评估文件提请审查或报送节能登记表进行登记备案。

2016 年版《固定资产投资项目节能审查办法》第五条明确："固定资产投资项目节能审查由地方节能审查机关负责。国家发展改革委核报国务院审批以及国家发展改革委审批的政府投资项目，建设单位在报送项目可行性研究报告前，需取得省级节能审查机关出具的节能审查意见。国家发展改革委核报国务院核准以及国家发展改革委核准的企业投资项目，建设单位需在开工建设前取得省级节能审查机关出具的节能审查意见。"

2023 年版保留了上述内容，并补充明确年综合能源消费量在 10 000 吨标准煤以下但应该编制节能报告的项目节能审查管理权限由省级机关自行决定。为响应国家推行建设项目审批制度改革中关于区域评估的要求，2023 年版第十条还明确了区域节能审查具体实施办法由省级管理节能工作的部门依据实际情况制定。

二、 工作依据

（1）市投资主管部门同意开展线路前期研究工作的批复（含工作费用来源落实）。

（2）线路工程可研报告方案基本稳定。

三、 工作职责

（一） 业主单位

（1）负责委托相关单位开展工作。

（2）督促单位按时完成工作并提交报告，负责组织审查相关成果报告。

（3）协调节能报告所依据的建设系统方案与可研报告相一致，督促可研单位落实相关节能措施。

（4）负责项目报批工作，协调报批过程中的咨询评审工作。

（二） 可研总体单位

（1）向节能报告编制单位提供经业主认可的可研报告。

（2）及时通知节能报告编制单位项目变更信息并提供相关资料。

（3）协助业主审查节能报告内容，研究节能措施的可行性。

（4）将经过业主审查的研究结论纳入可研报告中。

（三） 节能报告编制单位

（1）按时提交节能报告（送审稿），报告应满足国家相关法律法规和政策要求，具备报送相关政府行政部门审批的条件。

（2）配合业主完成相关技术协调工作。

（3）协助业主进行项目成果报批工作，配合业主完成审批部门委托的咨询单位或专家对报告的审查。

四、　项目申报流程

关于审批部门的说明详见本章"一、工作内容"相关内容。一般情况下，节能报告报批的流程如下：

（1）业主向审查机关提出节能审查申请，并提供项目节能报告文件。

（2）审查机关收到项目节能报告文件后，委托有关机构进行评审。

（3）根据评审意见，审查机关出具节能审查意见。

五、　成果文件及要求

城市轨道交通的节能评价，主要包括工程线路区间、车站、车辆段或停车场、主变电站、降压变电所以及其他配套系统等，同时还需分析项目所在地能源供应条件及消费情况、项目能源消费对所在地能源消费的影响。具体的节能措施可从线路、运营组织、车辆、牵引供电、照明、通风空调、信号、给排水、电扶梯、自动售检票、智能运维平台、通信、建筑结构、建筑材料等方面开展研究。

节能报告书应包括下列内容：

（1）分析评价依据。

（2）项目概况。

（3）建设方案节能分析，包括选址节能分析、技术方案节能分析、主要能耗设备指标分析及评价等。

（4）节能措施，包括效果评估、经济性分析、管理方案分析等。

（5）项目能源消耗及能效水平评估。

（6）能源消费影响，包括能源供应条件、对当地能源消费的影响和对所在地完成节能目标的影响等。

国家发展改革委资源节约和环境保护司、国家节能中心联合修订编制了《固定资产投资项目节能审查系列工作指南》（2018 年本），并正式出版发行。该指南完善了节能报告编制、评审、验收、监督、检查等工作，可作为重要参考。

六、　合同委托

（一）资质要求

鉴于轨道交通工程是复杂系统工程，节能评估与系统选型、建筑方式紧密联系，为保证报告质量，一般要求评估单位具备轨道交通行业甲级咨询资质，且资质证书需明确涵盖"城市轨道交通"专业的节能减排和环境治理内容。

（二）委托方式

本项目可与可研项目一并公开招标，在符合招标投标法的情况下，也可采用直接谈判方式进行委托。

（三）计价原则

节能专题费用按照咨询技术专题类项目进行费用控制。本项目为总价包干，一般情况下不就线路研究范围的变化而进行变更。

第十二章

环境影响评价报告

一、 工作内容及流程

（一）主要工作内容

环境影响评价（简称环评）是指对线网建设规划和具体的线路项目实施后可能造成的环境影响进行分析、预测和评估，提出预防或者减轻不良环境影响的对策和措施。主要的环境影响评价因子涉及噪声、振动、水、大气、固体废弃物、电磁辐射、生态等方面，并按施工期、运营期等不同阶段进行评价。

（二）环评在前期研究工作中的作用

线网建设规划环评（简称规划环评）将评价线网建设对城市整体环境功能的影响，使线网规划符合城市环境规划的方向。评价报告是支持建设规划审批的必备文件，同时也是编制、审批各线项目环评文件的依据。

各线路工程建设项目的环评（简称项目环评）可与工程可研同步开展，指导线路选线、敷设方式等方面的优化，评估对工程沿线环境的具体影响，提出具体的环境保护措施，并反馈到可研报告的内容当中。

由于国家政策的变化，指导线路选线等的环评内容，如穿越生态保护区等，需要在线网建设规划阶段的规划环评中提前予以研判，而建设规划（项目建议书）获得批复后，可研阶段的项目环评将不再作为可研批复的前置条件，但必须在项目开工前完成。

建设项目环境影响评价采取分类管理，即分为报告书、报告表、登记表三类。《建设项目环境影响评价分类管理名录》（2021 年版，2020 年 11 月 30 日中华人民共和国生态环境部令第 16 号公布）规定，就城市轨道交通项目而言，无论何种规模，均需采用报告书类。

二、 工作依据

（1）市投资主管部门同意开展线路前期研究工作的批复（含工作费用来源落实）。

（2）《近期建设规划环境影响评价报告书》及批复审核意见。

（3）工程可研报告以及政府的环保、规划、自然资源、水务、文物、绿化等专业管理部门对工程可研报告的书面意见。

三、 工作职责

（一）业主单位

（1）负责委托合格单位开展环评工作。

（2）负责组织审查相关成果报告。

（3）督促环评单位按时完成并提交报告。

（4）协调确认环评报告所依据的建设系统方案与可研报告一致，督促可研单位落实相关环保措施。

（5）负责该项目的报批工作，以及协调报批过程中的咨询评审工作。

（6）处理相关公众事件、各类社会信访，配合政府部门的要求完成项目建设单位的相关工作。

（二）可研总体单位

（1）提供设计文件及相关基础资料，协助环评单位解读工程方案，提供环保设施应用咨询。

（2）在方案设计及环评工作互动的过程中，负责将最新的方案及时告知业主和环评单位，避免评级范围、内容与可研报告不一致。

（3）配合环评单位调查落实相关敏感点、保护区等（如有）。

（4）与环评单位共同优化工程方案，并根据实际方案校核环保措施、设施及费用。

（5）配合环评单位、政府各级部门审查，并配合编写相关支持材料。

（6）在各阶段设计中落实环评报告、环评批文的要求。

（7）配合业主处理相关的公众事件。

（三）环评单位

（1）自行收集城市环境规划资料、工程沿线环境情况资料。

（2）与设计单位沟通，收集工程方案及相关资料。

（3）根据工程方案组织现场踏勘，调查落实沿线环境影响情况。

（4）根据国家法规负责开展公众参与工作，包括评前、报审前、报审等各阶段的环评公示，负责媒体、社区公示、公告，负责入户调查。

（5）对沿线工程环境影响作出评价。

（6）就降低工程环境影响提出工程优化方案、环保措施建议并及时反馈给业主及设计单位。

（7）向业主、设计单位提供工程环保咨询意见，配合完善方案设计，编制工程可研报告环保篇章。

（8）根据实际需要专题征询政府专业部门的意见。

（9）编制工程环境影响报告书，报业主审查，完善报告。

（10）按政府环保主管部门的报审要求，配合业主逐级上报环境影响报告书。

（11）配合各级主管部门进行技术审查及相关工作。

（12）编报环保行动计划。

（13）配合业主处理相关公众事件。

四、 项目申报要求

根据 2013 年 11 月 15 日《环境保护部关于下放部分建设项目环境影响评价文件审批权限的公告》（环境保护部公告 2013 年第 73 号），针对规划环境影响评价已通过审查的城市轨道交通项目，环评审批权限下放至省级环保部门。

2015 年 3 月 13 日《关于发布〈环境保护部审批环境影响评价文件的建设项目目录（2015 年本）〉的公告》（环境保护部公告 2015 年第 17 号）在目录中剔除了城市轨道交通项目，明文要求省级环保部门应根据此公告，及时调整公告目录以外的建设项目环境影响评价文件审批权限，报省级人民政府批准并公告实施。2019 年 2 月 26 日发布的《关于发布〈生态环境部审批环境影响评价文件的建设项目目录（2019 年本）〉的公告》，就城市轨道交通项目而言，与 2015 年本比较并无变化。

2015 年 4 月 29 日《关于发布广东省环境保护厅审批环境影响评价文件的建设项目名录（2015 年本）的通知》在目录中剔除了城市轨道交通项目，将其环评审批权限下放到市、县。2021 年 4 月 14 日发布的《关于发布广东省生态环境厅审批环境影响报告书（表）的建设项目名录（2021 年本）的通知》，就城市轨道交通项目而言，与 2015 年本比较并无变化。

2016 年 1 月 4 日，环境保护部发布了《关于加强规划环境影响评价与建设项目环境影响评价联动工作的意见》（环发〔2015〕178 号）。意见指出，各级环保部门应结合简政放权、放管结合的部署，进一步强化规划环评与项目环评的联动要求。加强规划环评与项目环评联动，是指进一步强化规划环评对项目环评的指导和约束作用，并在建设项目环境保护管理中落实规划环评的成果。关于城市轨道交通规划环评，意见指出应结合线路走向及规模，从维护区域生态系统完整性和稳定性、协调与城镇生活空间布局关系的角度，论证线网规模、布局、敷设方式和重要站场的环境合理性，提出选址、选线及避让生态环境敏感目标和重要生态环境功能区等要求，明确生态环境保护的对策措施。

五、 成果文件及要求

环境影响评价报告应包括以下内容：总论、项目所在地区环境概况、声环境影响评价、环境振动影响评价、水环境影响评价、大气环境影响评价、生态环境影响评价、电磁环境影响评价、固体废物对环境的影响分析、施工期环境影响评价、公众参与、环境管理与环境监测、环保措施及投资估算、结论。

六、 合同委托

（一）资质要求

根据《建设项目环境影响评价资质管理办法》（2005 年 8 月 15 日国家环境保护总局令第 26 号），甲级评价机构可承担各级环境保护行政主管部门负责审批的建设项目环境影响报告书和环境影响报告表的编制工作；乙级评价机构可承担省级及以下环境保护行政主管部门负责审批的建设项目环境影响报告书和环境影响报告表的编制工作。2015 年 9 月 28 日，中华人民共和国环境保护部发布了修订版的《建设项目环境影响评价资质管理办法》及其配套文件，该办法明确轨道交通项目需要编制环境影响报告书，且应由具备环境影响报告书甲级类别评价范围的机构编制。

然而，2019 年 1 月 21 日生态环境部办公厅印发《关于取消建设项目环境影响评价资质行政许可事项后续相关工作要求的公告（暂行)》，该公告出台主要依据 2018 年 12 月 29 日发布的第 24 号主席令《全国人民代表大会常务委员会关于修改〈中华人民共和国劳动法〉等七部法律的决定》中"对《中华人民共和国环境影响评价法》作出的修改"，修改后的《中华人民共和国环境影响评价法》取消了环评机构资质的行政许可。修改后的《中华人民共和国环境影响评价法》不再强制要求由具有资质的环评机构编制建设项目环境影响报告书（表），规定建设单位既可以委托技术单位为其编制环境影响报告书（表），如果自身具备相应技术能力也可以自行编制。这有利于进一步激发市场活力，通过更加充分的市场竞争提升环评技术服务水平和服务意识，也有利于进一步减轻企业负担，推进实体经济发展。[①]

（二）委托方式

由于可承担该类项目的单位在市场上具有一定数量规模，本项目通常采用公开招标或邀请比选方式委托合格单位，在不违反招标投标法的情况下，也可采取直接谈判形式进行委托。

---

① 详见《建设项目环境影响报告书（表）编制监督管理办法》（生态环境部令第 9 号。2019 年 9 月 20 日公布，自 2019 年 11 月 1 日起施行）。

（三）计价原则

国家计委与环保总局曾联合下发《国家计委、国家环境保护总局关于规范环境影响咨询收费有关问题的通知》（计价格〔2002〕125 号），对环境影响评价工作的收费行为进行了规范，并允许"以本通知附件规定基准价为基础，在上下 20% 的幅度内协商确定"。《国家发展改革委关于降低部分建设项目收费标准规范收费行为等有关问题的通知》（发改价格〔2011〕534 号）第三条要求环境影响评价工作收费"应在原国家计委、国家环保总局《关于规范环境影响咨询收费有关问题的通知》（计价格〔2002〕125 号）规定的收费标准基础上下调 20% 收取……环境影响评价收费标准中不包括获取相关经济、社会、水文、气象、环境现状等基础数据的费用"。以往轨道交通线路的环评项目委托费用均在以此文为上限的基础上，再下浮一定比例后进行招标；若采取直接谈判的方式，则一般情况下，合同费用均低于依据此文所计算出的价格。

另外，根据 2015 年 2 月 11 日发布的《国家发改委关于进一步放开建设项目专业服务价格的通知》（发改价格〔2015〕299 号），与建设项目前期工作有关的咨询等服务项目全面放开服务价格，实行市场调节。

综上所述，拟控制价时，可参照过去类似合同的收费情况，如以往线路工程合同单价（万元/千米或万元/站），以拟委托项目的长度或车站数量计算的费用作为控制价；也可考虑根据工程的实际情况，乘以一个合理的系数作为控制价。本项目合同为总价包干。

七、 重点关注事项

（1）在线路站位规划阶段，需及时梳理并启动办理有特殊保护需要的主体单位意见征询，如：水源保护区、国家及省级文物、国家级风景名胜保护区、国家湿地公园、国家级生态保护区、军事单位、国家级气象单位、重点科研单位、文化机构等。因为这些意见征询的流程耗时长、难度大，直接影响线路方案的可行性，也严重影响审批的进度。

（2）环评单位根据国家法规开展公众参与工作，需开展项目启动公示、公众意见调查、全本公示（公示形式有登报、挂网、张贴公告等，每阶段的公示一般为 10 个工作日）。公众意见调查的主要形式是入户问卷调查，对象包括沿线个人、相关单位（根据国家规范选定）。若主管部门有特殊要求，需召开公众参与座谈会。由于入户调查难度大、周期长，工作计划中要预留充分的时间（一般至少 1 个自然月）。必要时，需请求相关部门协助开展。公众参与工作完成后，相应内容纳入环境影响报告书。

（3）可研阶段工程方案尚处于逐步稳定阶段，需要业主、设计单位、环评单位及时将各自的工作资料、成果进行共享沟通，工作过程中需相互配合协调，共同推进工程设计。

注意环评单位提出的工程优化建议、公众参与中影响工程方案的问题、环保措施建议应及时反馈给业主及设计单位。环评的工程方案、提出采用的设备设施、环保投资等必须经设计单位严格复核（以振动和噪声措施为重点）。只有经过工程、投资复核、技术审查后的报告才予公告与上报政府审批。

（4）注意环境影响报告书的结论（含投资）需及时纳入可研报告或初步设计，虽然环境影响报告书及批文不再是支持可研报告审批的前置条件，但相关环保措施以及投资估算应在可研报告或者初步设计方案中予以考虑。

第十三章

选址意见书与用地预审

一、 工作内容及流程

（一）概述

按照目前批复工程可研报告的要求，选址意见书、用地预审为工程可研批复的必备文件。

工程选址论证报告编制工作则是以工程选址意见书获得规划和自然资源部门的批复为最终目的开展的。工作内容包括编制《规划选址论证报告》，按照相关要求整理、收集资料并上报，同时协调处理审批过程中的问题。

用地预审申报工作则是以工程用地预审获得规划和自然资源部门批复为最终目的开展的。工作内容主要为按照要求逐级上报用地预审申请，并协调过程中的问题。值得注意的是，如工程用地涉及耕地、基本农田或压覆矿产资源，则需按要求开展相关报告或评估论证工作。

2019 年 3 月 26 日发布的《国务院办公厅关于全面开展工程建设项目审批制度改革的实施意见》（国办发〔2019〕11 号）全面推行 2018 年审批制度改革试点城市的成果，明确要求地方工程建设项目审批管理系统要具备"多规合一"业务协同等功能。2019 年 4 月 17 日发布的《自然资源部关于推进建设用地审批和城乡规划许可"多审合一"改革的通知（征求意见稿）》。2019 年 9 月 6 日发布《广东省自然资源厅关于推进工程建设项目用地和规划许可"多审合一"改革的通知》（粤自然资发〔2019〕43 号），明确要求将选址意见书和用地预审意见合并办理，涉及建设项目的《规划选址论证报告》《用地规划方案》《土地利用规划修改方案》《永久基本农田补划方案》《实地踏勘论证报告》《节地评价》等事项均整合归并形成统一的《建设项目用地预审选址意见报告书》，技术规程和资质要求仍按原有规定执行。为方便理解，本章后续的相关内容仍按照合并前的报告分别阐述。

（二）工作流程（简政放权前）

1. 选址意见书

（1）编制《用地规划方案》。

由业主按照合同管理规定，委托具有规划资质的单位，依据市国土规划委批复的线路站位方案和通过业主审查认可的可研报告编制《用地规划方案》。

（2）《用地规划方案》报批。

编制完成的《用地规划方案》由业主上报规划部门审批。规划部门收案后，将组织用地处、规划处、市政处等处室对《用地规划方案》进行协调和审查。审查通过后，由用地处向该工程批复《选址意见的复函》。

（3）编制《规划选址论证报告》。

由业主按照合同管理规定，委托具有规划资质的单位，以批复《选址意见的复函》的方案为依据，编制该工程《规划选址论证报告》。编制工作需要参考环境影响评价、地质灾害危险性评估、文物保护方案等方案成果。

（4）上报《规划选址论证报告》以及《建设项目工程选址意见书》核发。

编制完成的《规划选址论证报告》由业主上报规划部门审批。规划部门评估完该工程《规划选址论证报告》后，将核发该工程的《建设项目工程选址意见书》。在简政放权前，该工程沿线矿产压覆核查、《环境影响评价报告》批复、《地质灾害危险性评估报告》批复等文件，是核发该工程《建设项目工程选址意见书》的必备支撑文件。

2. 用地预审

简政放权前的工作流程如下：

（1）编制《用地规划方案》。同"1. 选址意见书（1）环节"。

（2）《用地规划方案》报批。同"1. 选址意见书（2）环节"。

（3）市级用地预审初审意见：

①如建设工程用地全部位于外围区内，则由外围区批复用地预审初审意见，并直接上报省国土资源厅（即现自然资源厅）。

②如用地不属于①情况，则由市国土部门（即现自然资源部门）规划耕地保护处审查工程用地情况，批复该工程用地预审初审意见，并上报省国土资源厅。

③若用地属于②情况且用地涉及基本农田保护区，则：

A. 委托资质合格单位编制土地利用规划调整及实施影响评估方案。

B. 由区政府或区国土部门组织专家评审、方案听证和公示。

C. 由区国土部门上报区政府审批（如需）。

D. 调整方案作为用地预审区级初审意见上报市国土部门。

E. 市国土部门在审批该工程用地预审市级初审意见时，就工程土地利用规划调整及实施影响评估方案，征求市园林局、市林业局、市环保局的意见。

（4）压覆矿产资源核查：

①将上述（3）的资料同步上报至市国土部门矿产处，核查用地压覆市级登记矿产资源情况。

②市级核查后，上报省国土资源厅（档案馆），核查用地压覆市级、省级登记矿产资源情况。

③如建设工程用地不压覆矿产资源，则由省国土资源厅（档案馆）出具项目未压覆矿产资源的证明函，并作为上报省国土资源厅审批项目用地预审终审的支持材料。

④如建设工程用地压覆矿产资源，则：

A. 委托具有固态和液态矿产资源勘察业绩的勘察单位，编制建设项目压覆矿产资源储量评估报告。注意，如建设项目压覆多个矿产资源，则以压覆的单个矿产资源为单位，编制相应的报告。

B. 压覆矿产资源储量评估报告报送省矿产资源评审中心，组织专家审查，出具评审报告，并上报省国土资源厅备案。

C. 如所压覆的矿产资源矿权有权属，则须在上报省国土资源厅进行矿产资源登记前，先与矿权人签订压覆及补偿协议书。协议书原则上应包括矿权人同意压覆以及相关补偿条款等内容。一般地，所涉及的补偿金额，应委托具有矿产资源价款评估资质单位进行评估确定。

D. 压覆及补偿协议书签订后，上报省国土资源厅办理矿产资源登记。

（5）建设项目用地预审由省国土资源厅批复终审意见。此前，应完成市级用地预审初审、所涉及基本农田用地规划调整方案、压覆矿产资源情况及相关评审备案和储量登记、地质灾害危险性评估、地震安全性评价及备案等程序。

（三）工作流程（简政放权后）

1. 规划选址论证阶段

（1）由业主组织设计单位编制线路站位方案以及进行车辆基地选址方案研究，按要求上报线路站位方案（政务函形式）。

（2）业主完成初步用地核查报告（主体工程及场站综合体部分，重点核查占用永久基本农田、耕地情况），按照用地预审政策，启动相关用地预审专题报告编制。

（3）市规划和自然资源局拜访省自然资源厅，明确基本农田补划程序、踏勘论证、节地评价等用地预审与选址意见书办理的相关要求。

（4）由市规划和自然资源局完成线路站位方案技术审查，出具技术审查会议纪要。

（5）业主将初步设计深度的车站、场（段）总平面方案及稳定的用地红线（含地上、地下、综合开发范围红线）初稿、控制性详细规划修正方案初稿提供给规划部门。

（注：有些试点城市正在尝试同步开展可研工作和初步设计工作。）

（6）业主征求市生态环境局、水务局、林业园林局意见（核查是否涉及土规及总规禁建区、限建区），以及市农业农村局意见（如涉及高标准农田）。

（7）涉及穿越历史文化遗产保护对象的线路，业主组织设计单位研究并提供线路唯一性论证（车站无，区间按初设方案核准）。

（8）市规划和自然资源局完成穿越历史文化遗产保护对象唯一性论证的技术审查。

（9）市规划和自然资源局完成初步设计深度的车站、场（段）总平面方案及稳定的用地红线（含地上、地下、综合开发范围红线）初稿审查，控规修正方案仅为参考资料（持续更新）。

2. 用地预审前期阶段

（1）根据规划部门的审查意见，业主修正用地核查报告（占用永久基本农田、耕地、其他用地等情况）。

（2）业主组织设计单位完成用地预审和选址意见报告编制（含规模和用地标准说明，需按选址意见书及用地预审申报立案要求）。

（3）业主组织设计单位完成节地评价报告编制（如城际项目突破《新建铁路工程项目建设用地指标》（建标〔2008〕232号）中关于城际铁路土地使用标准确定的规模和功能分区；城市轨道交通突破《城市轨道交通工程项目建设标准》有关土地使用标准确定的规模和功能分区）。

（4）如涉及基本农田，由业主组织设计单位完成土地利用总体规划修改方案编制（如主体工程占用永久基本农田，需包含永久基本农田补划方案）。

（5）业主组织设计单位完成实地踏勘报告编制（如主体工程占用基本农田，或占用耕地100公顷以上、块状工程70公顷以上或占用耕地达到用地总面积50%以上），并向市规划和自然资源局申请踏勘论证。

（6）业主将节地评价报告报送市规划和自然资源局审查（如涉及）。

（7）市规划和自然资源局向省自然资源厅申请开展踏勘论证（审核永久基本农田补划或耕地占用方案），并配合省自然资源厅完成基本农田补划方案实地踏勘论证。

3. 规划选址决策阶段

（1）业主取得市生态环境局、水务局、林业园林局意见（如涉及土规及总规禁建区、限建区）以及市农业农村局意见（如涉及高标准农田）。

（2）市规划和自然资源局征求各区政府、相应专业主管部门关于项目选址及用地红线方案意见，为后续提请市规委会交通专委会审查作准备。

（3）市规划和自然资源局报市政府同意项目占用总规限建区，出具占用土规禁建区、限建区的说明。

（4）取得市国安局的意见（如项目涉及国安部门规定的安控范围）。

（5）业主提供场站综合体（含交通衔接设施）用地的立项建设依据。

（6）市规划和自然资源局、市发展改革委完成场站综合体概念方案（含综合开发范围红线）联合审查。

（7）取得各区政府、相应专业主管部门关于项目选址及用地红线方案的会签意见，汇总意见交市规委会交通专委会审查。

（8）业主出具申请项目《建设工程规划许可证》前完成控规修正方案编制及报批程序的承诺函。

（9）完成线路站位、车站及场（段）总平面方案、用地红线（含地上、地下）的市规委会交通专委会审查。

4. 选址及预审正式立案审批阶段

（1）业主完成用地预审与选址意见书申请表、申请报告，并在政务窗口提交项目用地预审与选址意见书申请材料。

（2）审核建设单位的申请材料，汇总各处室的办理意见，形成用地预审与选址意见书批复意见。

二、 工作依据

（1）市投资主管部门同意开展线路前期研究工作的批复（含工作费用来源落实）。

（2）市规划部门对线路站位方案的批复或会议审查意见。

三、 工作职责

（一）业主单位

主要负责协调对工程方案的确认；提出审批过程中各类请示；委托用地预审咨询、《规划选址论证报告》编制、用地方案咨询、压覆矿产资源储量评估（如涉及）、压覆矿产资源价值评估（如涉及）、土地利用规划调整方案（如涉及）；以完成审批为目标，与行政审批部门协调审批过程中的各类问题；协调线路总体、各方案编制单位之间的问题；提供报告所涉及的其他成果资料。具体如下。

1. 选址意见书

（1）委托编制并负责审定《用地规划方案》，核查方案与该工程线路站位方案是否相符。

（2）委托编制并负责审定《规划选址论证报告》的方案与线路站位方案是否相符。

（3）以工程选址意见书获得省住房和城乡建设厅批复为目标，配合省住房和城乡建设厅组织对《规划选址论证报告》进行评审；负责项目审批过程中各个环节的沟通、协调工作。

2. 用地预审

（1）以项目用地预审获得省自然资源厅批复为目标，负责项目审批过程中各个环节的沟通、协调工作。

（2）委托完成压覆矿产资源储量评估、评估备案、储量登记等工作；协调报批过程中的问题。如压覆矿区涉及矿权人，委托具有矿产资源价值评估资质单位进行评估，确定补偿金额，并与矿权人签订同意压覆协议书。

（二）可研总体单位

（1）配合提供工程线路、站位和工程可研报告相关资料。

（2）配合审批过程中各类方案审查，如《用地规划方案》和《规划选址论证报告》。

（三）《用地规划方案》编制单位

（1）以稳定的工程线路站位方案和可研报告为依据，编制《用地规划方案》，内容满足规划部门审批要求，并上报规划部门审批。

（2）按照规划部门的审查意见，及时调整《用地规划方案》及相关内容。配合业主与规划部门沟通协调。

（3）按照区、市、省及国家自然资源部门预审工作所需要的立案资料，与区、市、省自然资源部门进行协调沟通，并向区、市、省及国家自然资源部门立案报批，完成整个用地预审的审批过程。

（4）完成坐标转换工作。

（四）《规划选址论证报告》编制单位

（1）以稳定的工程线路站位方案为依据，按照相关审批要求，编制《规划选址论证报告》，并上报省住房和城乡建设厅。

（2）依据规划部门对工程线路站位方案的批复，及时调整《用地规划方案》及相关内容。

（3）配合业主做好审批过程中的沟通、协调工作。

（五）《用地规划方案》咨询单位

（1）组织审批部门对《用地规划方案》进行评审，协调市规划部门出具选址意见函。

（2）在审批过程中配合业主积极协调。

（六）压覆矿产资源储量评估报告编制单位

（1）依照自然资源部、省自然资源厅的相关要求及行业规范，编制工程压覆矿产资源储量评估报告。

（2）负责向省矿产资源评估中心上报评估报告，并配合专家审查。

（3）按照省自然资源厅要求，办理矿产资源储量评估备案和储量登记。

（4）根据委托按要求完成压覆矿产资源储量评估，评估报告委托评审、办理评审报告备案，办理压覆矿产资源储量登记。如压覆矿产资源涉及矿权人，应配合业主与矿权人沟通、协调。

（七）《土地利用规划调整及实施影响评估报告》编制单位

（1）依照自然资源部、省自然资源厅的相关要求及行业规范，编制《土地利用规划调整方案及实施影响评估报告》。

（2）在报告编制过程中，应与基本农田所处行政区用地管理部门进行充分沟通，确保调整方案符合该地区及城市土地利用规划。

（3）在方案报批过程中，负责协助业主与用地管理部门协调相关问题。

四、 项目申报要求

（一） 选址意见书与《规划选址论证报告》

《关于进一步加强建设项目选址意见书的核发工作的通知》（粤建规字〔2005〕63号）第一条规定："加强和改进建设项目选址意见书的分级管理……经确认属于国家和省有关部门审批、核准的建设项目，其《广东省建设项目选址意见书》由省建设厅核发。"第二条："规范申请程序……我厅发布的《关于广东省建设厅机关直接实施的行政许可事项有关规定和内容的公告》（粤建公告〔2005〕3号）对于省核发建设项目选址意见书的依据、条件、办理期限、数量等有关事项进行了明确，并规定了申请程序和申报材料。申请人必须按照粤建公告〔2005〕3号规定程序提交符合要求的申请材料。"

《关于广东省建设厅机关直接实施的行政许可事项有关规定和内容的公告》（粤建公告〔2005〕3号）第十二条规定，国家和省发展与改革行政主管部门审批、核准的建设项目的选址意见书核发，要求提供如下材料：

（1）《广东省建设项目选址意见申请表》。经批准的城市规划未作出具体安排的建设项目，应随表一并提交具备城市规划编制资质的单位编制或城市规划行政主管部门出具的建设项目规划选址评估报告一份，并应由项目所在地城市规划行政主管部门签署预审（或初审）意见；跨行政区域的建设项目，还应出具各有关地级（以上）市城市规划行政主管部门签署的书面意见。

（2）项目建议书及其批准文件复印件、待批的建设项目可研报告等有关材料各一份。

（3）有关专业主管部门的审查意见、拟选地点的规划依据、1：1 000 至 1：5 000 拟选址用地的地形图等相关资料及图文等。

（二）用地预审与《用地规划方案》《土地利用规划调整及实施影响评估报告》

《建设项目用地预审管理办法》（2016 年 11 月 29 日中华人民共和国国土资源部令第 68 号）第四条规定："建设项目用地实行分级预审。需人民政府或有批准权的人民政府发展和改革等部门审批的建设项目，由该人民政府的国土资源管理部门预审。"第五条："需审批的建设项目在可行性研究阶段，由建设用地单位提出预审申请。"

《建设项目用地预审管理办法》第七条要求，建设用地单位申请预审，应当提交下列材料：

（1）建设项目用地预审申请表（由自然资源部制定）。

（2）建设项目用地预审申请报告，内容包括拟建设项目基本情况、拟选址占地情况、拟用地是否符合土地利用总体规划、拟用地面积是否符合土地使用标准、拟用地是否符合供地政策等。

（3）审批项目建议书的建设项目提供项目建议书批复文件，直接审批可研报告或者需核准的建设项目提供建设项目列入相关规划或者产业政策的文件。

《建设项目用地预审管理办法》第九条要求，负责初审的国土资源主管部门（即现自然资源主管部门）在转报用地预审申请时，应当提供下列材料：

（1）初审意见，内容包括拟建设项目用地是否符合土地利用总体规划、是否符合国家供地政策、用地规模是否符合有关土地使用标准的规定；没有土地使用标准的建设项目或者确需突破土地使用标准的建设项目，是否已组织节地评价并出具评审论证意见；占用基本农田或者其他耕地规模较大的建设项目，是否已经组织踏勘论证等。

（2）标注项目用地范围的县级以上土地利用总体规划及相关图件。

（3）属于《中华人民共和国土地管理法》第二十六条①规定情形，建设项目用地需修改土地利用总体规划的，应当出具规划修改方案。新版《建设项目用地预审管理办法》对这里的要求进行了简化，因为老版的《建设项目用地预审管理办法》在该处的要求是：建设项目用地需修改土地利用总体规划的，应当出具经相关部门和专家论证的规划修改方案、建设项目或规划修改对规划实施影响评估报告和修改规划听证会纪要。

《建设项目用地预审管理办法》第十二条规定，国土资源主管部门应当自受理预审申请或者收到转报材料之日起 20 日内，完成审查工作，并出具预审意见。20 日内不能出具预审意见的，经负责预审的国土资源主管部门负责人批准，可以延长 10 日。

《建设项目用地预审管理办法》第十四条规定，预审意见是有关部门审批项目可研报告、核准项目申请报告的必备文件。

（三）压覆矿产审批与《压覆重要矿产资源储量评估报告》

《国土资源部关于进一步做好建设项目压覆重要矿产资源审批管理工作的通知》（国土资发〔2010〕137 号）第二条明确要求："凡建设项目实施后，导致其压覆区内已查明的重要矿产资源不能开发利用的，都应按本通知规定报批……建设项目压覆区与勘查区块范围或矿区范围重叠但不影响矿产资源正常勘查开采的，不作压覆处理。"第三条规定："建设项目压覆重要矿产资源由省级以上国土资源行政主管部门审批。"第四条规范报批要求如下：

（1）建设项目选址前，建设单位应向省级国土资源行政主管部门（即现自然资源行政主管部门）查询拟建项目所在地区的矿产资源规划、矿产资源分布和矿业权设置情况，各级国土资源行政主管部门应为建设单位查询提供便利条件。不压覆重要矿产资源的，由省级国土资源行政主管部门出具未压覆重要矿产资源的证明；确需压覆重要矿产资源的，建设单位应根据有关工程建设规范确定建设项目压覆重要矿产资源的范围，委托具有相应地质勘查资质的单位编制建设项目压覆重要矿产资源评估报告。

（2）建设项目压覆已设置矿业权矿产资源的，新的土地使用权人还应同时与矿业权人签订协议，协议应包括矿业权人同意放弃被压覆矿区范围及相关补偿内容。补偿的范围原则上应包括矿业权人被压覆资源储量在当前市场条件下所应缴的价款（无偿取得的除外）、

---

① 《中华人民共和国土地管理法》（2019 年 8 月 26 日修正版）第二十五条（即旧版土地管理法的第二十六条）：经批准的土地利用总体规划的修改，须经原批准机关批准；未经批准，不得改变土地利用总体规划确定的土地用途。

经国务院批准的大型能源、交通、水利等基础设施建设用地，需要改变土地利用总体规划的，根据国务院的批准文件修改土地利用总体规划。

经省、自治区、直辖市人民政府批准的能源、交通、水利等基础设施建设用地，需要改变土地利用总体规划的，属于省级人民政府土地利用总体规划批准权限内的，根据省级人民政府的批准文件修改土地利用总体规划。

所压覆的矿产资源分担的勘查投资、已建的开采设施投入和搬迁相应设施等直接损失。

（3）建设单位应在收到同意压覆重要矿产资源的批复文件后 45 个工作日内，到项目所在地省级国土资源行政主管部门办理压覆重要矿产资源储量登记手续。45 个工作日内不申请办理压覆重要矿产资源储量登记手续的，审批文件自动失效。

2016 年新版《建设项目用地预审管理办法》第八条进行了修改，将地质灾害危险性评估、压覆矿产资源登记等工作调整为用地预审手续办理后进行。

2019 年 3 月 26 日，《国务院办公厅关于全面开展工程建设项目审批制度改革的实施意见》（国办发〔2019〕11 号）第二条第九点，推行区域评估。在各类开发区、工业园区、新区和其他有条件的区域，推行由政府统一组织对压覆重要矿产资源、环境影响评价、节能评价、地质灾害危险性评估、地震安全性评估、水资源论证等评估评价事项实行区域评估。实行区域评估的，政府相关部门应在土地出让或划拨前，告知建设单位相关建设要求。

2020 年 4 月 28 日发布的《自然资源部办公厅关于做好建设项目压覆重要矿产资源审批服务的通知》（自然资办函〔2020〕710 号）的第二条和第三条明确要求，各省（区、市）自然资源主管部门建立建设项目压覆重要矿产资源查询服务系统，方便建设单位预查询，并取消压覆矿产资源储量登记，取消后以压覆重要矿产资源批复文件作为转发用地批复及供地的条件。自此，建设单位单独无需开展本项评估工作。

五、 成果文件及要求

（一）用地规划方案报告

报告内容主要应包括：

（1）线路走向、车站总平面等基础资料的收集。

（2）设计方案以及占地方案分析。

（3）沿线现状地区土地利用调查与数据统计。

（4）车站周边环境调查。

（5）施工期间对周边环境的影响分析。

（6）用地控制边线的绘制，分析其合理性，并委托按自然资源部门立案要求输出蓝图。

（7）控制用地的数量统计。

（8）房屋拆迁的数量统计。

其中，用地红线是报告的重要内容，主要是依据已获得批复的线路站位方案，并按照已确定的用地红线编制原则，编制全线工程用地红线，并统计各站位、各区间的征地拆迁量。特别要注意的是，全线工程用地红线应为一闭合红线。用地红线编制要求如下：

（1）绘制范围。

车站、场（段）用地红线由地下用地红线、地上用地红线、交通衔接设施用地红线组成。

（2）绘制原则。

①对于地下用地红线、地上用地红线、交通衔接设施用地红线，分别用不同颜色的闭合线条区分各自范围。

②地面、高架区间（包括高架折返线）以线路的左、右中心线为基准各外扩 10 米，地面、高架车站以车站建筑的外轮廓投影线为基准外扩 10 米。

③地下车站如果设有地面站厅层（只是站厅层设置于地面的情况，而不是指地面车站），以地面站厅层的建筑外轮廓投影线为基准外扩 5 米；出入口、风亭（包括地下区间风亭）以出入口或风亭的建筑外轮廓线为基准外扩 5 米。

④车辆段、停车场以实际设计所需用地的边线为基准外扩 5 米。

⑤冷站、主变电站、派出所不外扩，都以实际设计用地的边线为永久用地红线。

⑥用地红线范围内涉及房屋拆迁时，除了遵循上述原则外，永久用地红线必须将被拆除的整个建筑物包括在用地红线范围内，不能出现用地红线切割建筑物的情况。

⑦用地红线范围含规划道路时，无需抠除规划道路；含既有道路时，需抠除既有道路。

（二）规划选址论证报告

报告应着重论证该工程与沿线各区域的规划协调情况，包括与城市规划、区域规划、周边规划的协调，与环境、地质灾害、地质和地理条件以及周边房屋和管线等方面的关系。该工程已经通过审查或审批的《环境影响评价报告》《地震安全性评价报告》《地质灾害危险性评估报告》，以及已经完成向市文化广电新闻出版局征求意见的《沿线文物保护方案》等相关内容应纳入《规划选址论证报告》中。

《国务院办公厅关于全面开展工程建设项目审批制度改革的实施意见》（国办发〔2019〕11 号）第二条第九点，推行区域评估。在各类开发区、工业园区、新区和其他有条件的区域推行由政府统一组织对压覆重要矿产资源、环境影响评价、节能评价、地质灾害危险性评估、地震安全性评价、水资源论证等评估评价事项实行区域评估。实行区域评估的，政府相关部门应在土地出让或划拨前，告知建设单位相关建设要求。

（三）《土地利用规划调整及实施影响评估报告》《压覆重要矿产资源储量评估报告》

成果要求详见上节"项目申报要求"的相关内容。

（四）压覆矿产资源价值评估报告

《关于印发〈探矿权采矿权评估管理暂行办法〉和〈探矿权采矿权评估资格管理暂行办法〉的通知》（国土资发〔1999〕75号）之《探矿权采矿权评估管理暂行办法》第十四条明确了评估报告的主要内容：

（1）评估机构名称。

（2）评估委托人名称。

（3）探矿权人或采矿权人名称。

（4）被评估探矿权、采矿权的项目名称或矿山名称、范围和评估目的。

（5）评估基准日。

（6）评估原则及法律、法规和政策规定依据。

（7）被评估项目的概况（自然地理环境、矿山内外部条件、勘查工作程度、采选冶方案等）。

（8）评估方法、计价标准、参数选取的说明和评估过程。

（9）评估结果。

（10）评估结果有效期、评估基准日后的调整事项、评估结果有效的其他条件、评估报告的使用范围及其他需要说明的问题。

（11）附件目录。

（12）评估起止日期和评估报告提交日期。

（13）评估机构的法定代表人、评估项目负责人及参加人签章或签名。

（14）评估机构印章。

（15）附件，包括：①探矿权、采矿权评估资格证书复印件；②评估委托合同书；③探矿权、采矿权评估汇总表及明细表；④探矿权、采矿权评估方法和计算过程的说明；⑤与评估基准日有关的会计报表；⑥评估基准日以前的项目投资数额、来源及固定资产一览表；⑦勘查许可证或采矿许可证的复印件（出让探矿权、采矿权的除外）；⑧标明勘查许可证或采矿许可证范围的地质和工程图件；⑨注册资产评估师资格证书复印件；⑩矿产资源储量报告或不包含矿产资源储量的地质报告中与评估有关的内容；⑪要求提交的其他与评估有关的资料。

《探矿权采矿权评估管理暂行办法》第十三条规定了评估方法的选用：

（1）采矿权评估可以选用的方法：

①可比销售法；②贴现现金流量法。

（2）探矿权评估可视地质勘查程度选用以下方法：

①重置成本法；②地质要素评序法；③联合风险勘查协议法；④贴现现金流量法；⑤地勘加和法。

六、 合同委托

（一）资质要求

1. 《规划选址论证报告》《用地规划方案》《土地利用规划调整及实施影响评估报告》 三个编制项目

《关于广东省建设厅机关直接实施的行政许可事项有关规定和内容的公告》（粤建公告〔2005〕3 号）第十二条规定，提交具备城市规划编制资质的单位编制或城市规划行政主管部门出具的建设项目规划选址评估报告一份。2018 年 11 月 2 日，《广东省住房和城乡建设厅关于部分行政许可事项划转实施的公告》（粤建公告〔2018〕49 号） 第一条明确：国家和省批准、核准的建设项目选址意见书核发划转省自然资源厅实施。2019 年 12 月 12 日，《广东省自然资源厅关于推进工程建设项目用地和规划许可 "多审合一" 改革的通知》（粤自然资发〔2019〕43 号） 明确要求将选址意见书和用地预审意见合并办理，技术规程和资质要求仍按原有规定执行。

轨道交通线路规划属于城市规划中交通专项规划工作中的内容。《中华人民共和国城乡规划法》（2019 年）第二十四条规定："城乡规划组织编制机关应当委托具有相应资质等级的单位承担城乡规划的具体编制工作。"《城市规划编制单位资质管理规定》（2001 年）第九条规定，各种专项规划和编制（含修订或者调整）需由城市规划乙级或以上单位承担。2016 年 10 月 20 日，住建部修订了《城乡规划编制单位资质管理规定》，对乙级单位承担业务范围进行了调整，规定乙级单位只能承担登记注册所在地城市和 100 万现状人口以下城市相关专项规划的编制。但考虑到《规划选址论证报告》《用地规划方案》《土地利用规划调整及实施影响评估报告》仅是交通专项规划的部分工作内容，该三部分仍可考虑由城市规划乙级或以上单位承担。

2. 《压覆重要矿产资源储量评估报告》 编制项目[①]

《国土资源部关于进一步做好建设项目压覆重要矿产资源审批管理工作的通知》（国土资发〔2010〕137 号）第四条规定："建设单位应根据有关工程建设规范确定建设项目压覆重要矿产资源的范围，委托具有相应地质勘查资质的单位编制建设项目压覆重要矿产资源评估报告。"

《地质勘查资质管理条例》（2008 年 3 月 3 日中华人民共和国国务院令第 520 号）第十六条规定："取得甲级地质勘查资质的单位，可以从事本类别所有的地质勘查活动。取

---

① 该项工作已取消，相关介绍仅作参考用。

得乙级和丙级地质勘查资质的单位，可以从事的地质勘查活动的范围由国务院国土资源部门规定。"第四条规定："地质勘查资质分为综合地质勘查资质和专业地质勘查资质。综合地质勘查资质包括区域地质调查资质，海洋地质调查资质，石油天然气矿产勘查资质，液体矿产勘查资质（不含石油），气体矿产勘查资质（不含天然气），煤炭等固体矿产勘查资质和水文地质、工程地质、环境地质调查资质。专业地质勘查资质包括地球物理勘查资质、地球化学勘查资质、航空地质调查资质、遥感地质调查资质、地质钻（坑）探资质和地质实验测试资质。"第五条规定："区域地质调查资质、海洋地质调查资质、石油天然气矿产勘查资质、气体矿产勘查资质（不含天然气）、航空地质调查资质、遥感地质调查资质和地质实验测试资质分为甲级、乙级两级；其他地质勘查资质分为甲级、乙级、丙级三级。"

《国土资源部关于印发〈地质勘查单位从事地质勘查活动业务范围规定〉的通知》（国土资发〔2010〕86 号）第三条规定："地质勘查单位应当按照批准的地质勘查资质类别和资质等级从事相应的地质勘查活动。"第四条和第五条分别规定了甲级资质可以从事预查、普查、详查和勘探阶段的地质勘查活动；乙级资质可以从事预查、普查、详查阶段的矿产勘查活动；丙级资质可以从事预查、普查阶段的矿产勘查活动。

资源储量报告原则上以矿业权范围为单元、按照一证一报告的原则编写、送审、评审和备案。轨道交通沿线的《压覆重要矿产资源储量评估报告》是从各级政府国土资源主管部门（即现自然资源主管部门）中核查相关压覆矿产后进行编制的，一个矿产资源单位编制一本报告，且储量报告和后续与矿权人签署补偿协议的费用规模有着直接关系[①]，故报

---

① 根据《关于印发〈探矿权采矿权评估管理暂行办法〉和〈探矿权采矿权评估资格管理暂行办法〉的通知》（国土资发〔1999〕75 号）之《探矿权采矿权评估管理暂行办法》第八条，"探矿权、采矿权评估必须以矿产资源储量报告或与评估有关的其他地质报告为依据"。

告编制属于相应种类资源的勘探阶段①工作。

综上所述，轨道交通沿线《压覆重要矿产资源储量评估报告》的承包单位必须具备甲级地质勘查资质②，同时资质种类须与资源种类相符合。

3. 压覆矿产资源价值评估项目③

《关于印发〈探矿权采矿权评估管理暂行办法〉和〈探矿权采矿权评估资格管理暂行办法〉的通知》（国土资发〔1999〕75 号）之《探矿权采矿权评估管理暂行办法》第二条规定："在中华人民共和国领域及管辖的其它海域，对国家出资形成的探矿权、采矿权进行出让、转让评估和评估结果的确认，必须遵守本办法。对非国家出资形成的探矿权、

---

① 矿产勘查工作分为：预查、普查、详查、勘探四个阶段。

（1）预查依据区域地质和（或）物化探异常研究结果、初步野外观测、极少量工程验证结果，与地质特征相似的已知矿床类比，提出可供普查的矿化潜力较大地区。有足够依据时，可估算出预测的资源量，这些矿化潜力较大地区属于未发现的矿产资源。

（2）普查是对可供普查的矿化潜力较大地区、物化探异常区，采用露头检查、地质填图、数量有限的取样工程及物化探方法开展综合找矿。对区内地质、构造特征达到相应比例尺的查明程度；对矿体形态、矿石质量、矿石加工技术条件和矿床开采技术条件做到大致查明、大致控制；矿体的连续性是推断的。通过概略研究，最终应提出是否有进一步详查的价值，或圈定出详查区范围。

（3）详查是对普查圈出的详查区，采用大比例尺地质填图及综合方法和手段开展勘查工作，进行比普查阶段更密的系统取样，基本查明矿床地质、构造、矿床开采技术条件；对矿体形态、矿石质量、矿石加工技术条件和矿床开采技术条件做到基本查明、基本控制；矿体的连续性是基本确定的。基本掌握矿体的总体分布范围、主要矿体形态、产状、大小和矿石质量特征，基本确定矿体的连续性；对矿石的加工选冶技术性能进行类比或实验室流程试验研究，对新类型矿石和难选矿石应作实验室扩大连续试验，在详查所获信息的基础上开展概略研究，作出是否具有工业价值的评价。必要时，圈出勘探范围，可供预可研、矿山总体规划和作矿山项目建议书使用。

（4）勘探是对已知具有工业价值的矿床或经详查圈出的勘探区，采用通过大比例尺地质填图和加密各种取样工程，详细查明矿床地质、构造、矿床开采技术条件；对矿体形态、矿石质量、矿石加工技术条件和矿床开采技术条件做到详细查明、详细控制；矿体的连续性是确定的。详细掌握矿体的总体分布范围、主要矿体形态、产状、大小和矿石质量特征，确定矿体的连续性；对矿石的加工选冶技术性能进行类比或实验室流程试验研究，对新类型矿石和难选矿石应作实验室扩大连续试验，必要时应进行半工业试验，在勘探所获信息的基础上开展概略研究，为可研或矿山建设设计提供依据。

② 昆明轨道交通 1 号线三期及延长线、2 号线二期工程等六个《地质灾害危害性评估报告书》及《压覆矿产资源评估报告书》编制（二次）招标公告（2012 年 2 月 24 日发布），要求投标人具备国土资源部（即现自然资源部）颁发的地质灾害危险性评价甲级资质及地质勘查甲级资质。

南宁市城市轨道交通 1、2 号线工程可研阶段压覆矿产资源评估招标公告（2008 年 3 月 25 日发布），要求投标人具有国土资源部颁发区域地质调查甲级资质，水文地质、工程地质、环境地质调查甲级资质，固体矿产勘查甲级资质和液体矿产勘查乙级资质。

③ 该项工作已取消，相关介绍仅作参考用。

采矿权①需进行转让评估的，可参照本办法执行。"

《关于重新发布〈探矿权采矿权评估资格管理暂行办法〉的通知》（国土资发〔2000〕302 号）之《探矿权采矿权评估资格管理暂行办法》第二条规定："在中华人民共和国领域及管辖的其他海域，从事矿业权评估业务的社会中介组织，必须依照本办法的规定，取得矿业权评估资格。"

综上所述，压覆矿产资源价值评估项目须由具有"探矿权采矿权评估资质"的单位承包。②

（二）委托方式

各项目可由业主单独进行委托，或与前期研究相关项目一并进行公开招标。在符合招标投标法的情况下，也可以采取直接谈判方式进行委托。由于《规划选址论证报告》《用地规划方案》《土地利用规划调整及实施影响评估报告》与可研方案紧密联系，通常委托给可研总体单位进行编制。《压覆重要矿产资源价值评估报告》《压覆重要矿产资源储量评估报告》通常另行委托专业单位进行编制。需要注意的是，《探矿权采矿权评估管理暂行办法》第九条规定："评估委托人与评估机构存在直接评估利害关系的，应予以回避。"第十条规定："探矿权、采矿权评估，应由评估委托人与评估机构签订评估委托合同书。评估委托合同书应包括评估项目名称、评估目的、评估对象、评估范围、评估期限、收费方式和金额、双方权利义务、违约责任等内容。"

（三）计价原则

根据 2015 年 2 月 11 日印发的《国家发展改革委关于进一步放开建设项目专业服务价格的通知》（发改价格〔2015〕299 号），与建设项目前期工作有关的咨询等服务项目全面放开服务价格，实行市场调节。

1．选址意见书环节

本项目合同为服务咨询类合同，主要包括：规划选址论证报告编制项目合同。由于工作量差异，往往采用不同的建设点计费标准，如车站及单建主变电站按座数计取，停车场和车辆段按座数计取。上述两者的计费标准也有区别。合同范围内为总价包干，若线路发生不可预计的变化，合同可以按照约定进行变更。

---

① 《探矿权采矿权评估管理暂行办法》第三条明确："探矿权、采矿权评估是指探矿权、采矿权出让方或转让方委托依法取得探矿权采矿权评估资格的评估机构，依照本办法规定的程序和一定的方法对探矿权、采矿权价值进行评价估算的行为。"因此，压覆矿产资源价值评估项目适用本办法。

② 《河池市大任产业园区项目（第一期工程）建设用地压覆矿产资源经济价值评估项目竞争性谈判招标公告》（2014 年 2 月 12 日发布）要求竞标人具有由国土资源部颁发的探矿权采矿权评估资质。

2．用地预审环节

本项目合同为服务咨询类合同，主要包括：用地预审方案论证合同、用地规划方案咨询合同、工程压覆矿产资源储量评估合同、工程压覆矿产资源价值评估合同、工程占用基本农田保护区调整编制方案合同。

（1）用地预审方案论证合同。

用地预审方案论证合同费用主要构成如下：

①基础资料收集费，不分线路长短包干使用。

②用地规划方案研究费，车站按照站·区间数计取；停车场和车辆段按座数计取；主变电站、集中冷站、控制中心、派出所按个数计取。上述三者的计费标准也有区别。

③报告编制及印刷费，部分线路长短包干使用。

以上三项为《用地规划方案专题研究报告》编制费用。

④规划制图费，按线包干使用。

⑤坐标转换费用（根据当地情况判断是否发生），按坐标点据实计取。

⑥综合管理费（含税）按上述费用总价百分比计取。

⑦出图费用据实结算。

（2）用地规划方案咨询合同

用地规划方案咨询合同费用主要构成如下：

①线路规划选址意见咨询费，车站按照站·区间数计取；停车场和车辆段按座数计取；主变电站、集中冷站、控制中心、派出所按个数计取。

②综合管理费（含税）按上述费用总价百分比计取。

合同范围内为总价包干，若线路发生不可预计的变化，合同可以按照约定进行变更。

七、　重点关注事项

（一）选址意见办理的时间节点、办理难点

（1）要及时与审批部门沟通工程的具体情况，及时了解其审批过程中的问题。

（2）穿越相关保护区域时，要提前做好线路唯一性论证工作，尽量避免后续协调工作陷入被动。

（二）用地预审

1．压覆矿产资源

如线路工程选址意见复函未获得批复，可提前查核项目是否压覆矿产资源。如压覆，

可研究是否对线路进行微调；如不可行，则可尽力提前准备相关工作。

2. 涉及基本农田保护区

（1）在工程进行线路站位方案研究阶段，应及时提出明显的基本农田保护区，尽可能避免涉及。

（2）如在用地预审已上报时确定涉及基本农田，应首先考虑是否能对方案进行优化调整。

（3）基本农田调整指标具体由各行政区管理，因此土地利用调整工作重点是与区用地管理部门沟通协调。

第十四章

社会稳定风险分析与评估

一、 工作内容及流程

（一）项目作用与意义

根据《关于印发国家发展改革委重大固定资产投资项目社会稳定风险评估暂行办法的通知》（发改投资〔2012〕2492 号），为促进科学决策、民主决策、依法决策，预防和化解社会矛盾，国家发展改革委审批、核准或者核报国务院审批、核准的在中华人民共和国境内建设实施的固定资产投资项目，均需由项目单位在组织开展项目前期工作时，对社会稳定风险进行调查分析，征询群众意见，查找并列出风险点、风险发生的可能性及影响程度，提出防范和化解风险的方案措施，提出采取相关措施后的社会稳定风险等级建议。

（二）责任部门的说明

《关于印发国家发展改革委重大固定资产投资项目社会稳定风险评估暂行办法的通知》（发改投资〔2012〕2492 号）第五条规定，由项目所在地人民政府或其有关部门指定的评估主体组织对项目单位做出的社会稳定风险分析开展评估论证，根据实际情况可以采取公示、问卷调查、实地走访、召开座谈会和听证会等多种方式听取各方面意见，分析判断并确定风险等级，提出社会稳定风险评估报告。

二、 工作依据

（1）市投资主管部门同意开展线路前期研究工作的批复（含工作费用来源落实）。
（2）线路工程可研报告方案基本稳定。

三、 工作职责

（一）业主单位

（1）负责委托相关单位开展社会稳定风险分析报告的编制工作。

（2）督促相关单位按时完成并提交报告，负责组织审查相关成果报告。

（3）负责将社会稳定风险分析报告报送市投资主管部门，协助委托评估过程中的相关工作。

（4）配合评估单位完成社会稳定风险评估报告编制，配合市投资主管部门报送社会稳定风险评估报告至市政府审定。

（三）可研总体单位

（1）向社会稳定风险分析报告编制单位提供由业主认可的可研报告。

（2）及时通知社会稳定风险分析报告编制单位项目变更信息并提供相关资料。

（3）协助业主单位审查社会稳定风险分析报告内容。

（4）协助业主单位，配合评估单位、政府部门完成社会稳定风险评估报告编制和报审工作。

（三）社会稳定风险分析报告编制单位

（1）按时提交社会稳定风险分析报告（送审稿），报告应满足国家相关法律法规和政策要求，具备报送相关政府行政部门进行评估的条件。

（2）配合业主单位和评估单位完成公示、问卷调查、实地走访、召开座谈会和听证会等工作。

（3）协助业主单位、政府部门完成社会稳定风险评估报告编制和报审工作。

四、 成果文件及要求

根据《国家发展改革委办公厅关于印发重大固定资产投资项目社会稳定风险分析篇章和评估报告编制大纲（试行）的通知》（发改办投资〔2013〕428号），社会稳定风险分析报告应含七个章节：编制依据、风险调查、风险识别、风险估计、风险防范和化解措施、风险等级、风险分析结论。其重点是通过各种途径了解利益相关者（包括受拟建项目建设和运营影响的公民、法人和其他社会组织）对拟建项目的意见和诉求，了解项目所在地政府及其有关部门、基层政府和基层组织、社会团体的态度，了解媒体对项目建设的态度和舆论导向。及时识别相关风险，采用定性和定量相结合的方法，对每个主要风险因素的风险程度进行分析、预测和估计，针对性地提出化解措施策略，并最终作出采取防范和化解措施后的风险等级判断。

社会稳定风险评估报告应在充分听取意见的基础上，根据拟建项目的实际情况，围绕拟建项目建设实施的合法性、合理性、可行性、可控性进行评估论证。报告应具有评估风险调查的全面性、公众参与的完备性、调查结果的真实性和可信性。评估报告应着重评估分析报告的如下内容是否合理恰当：分析报告采用的风险估计方法、分析报告里每一个主要风险因素的分析推理过程、分析报告所预测估计的主要风险因素发生概率和影响程度等。

五、 合同委托

（一）资质要求

一般情况下，要求社会稳定风险分析单位具备轨道交通行业甲级咨询资质，且资质证书须明确涵盖"城市轨道交通"专业。社会稳定风险评估报告一般由投资主管部门委托。

（二）委托方式

社会稳定风险分析报告可与可研项目一并公开招标，在符合招标投标法的情况下，也可采用直接谈判方式进行委托。

（三）计价原则

社会稳定风险分析报告编制费用按照咨询技术专题类项目进行费用控制。本项目为总价包干，一般情况下不就线路研究范围的变化而进行变更。

第十五章

地质灾害危险性评估

一、 工作内容及流程

（一）开展地质灾害危险性评估工作必要性和工作要求演变

《地质灾害防治条例》（国务院令 2003 年第 394 号）第二十一条规定："在地质灾害易发区内进行工程建设应当在可行性研究阶段进行地质灾害危险性评估，并将评估结果作为可行性研究报告的组成部分。"

《地质灾害防治条例》（国务院令 2003 年第 394 号）第二十四条规定："对经评估认为可能引发地质灾害或者可能遭受地质灾害危害的建设工程，应当配套建设地质灾害治理工程。地质灾害治理工程的设计、施工和验收应当与主体工程的设计、施工、验收同时进行。"

《国土资源部关于加强地质灾害危险性评估工作的通知》（国土资发〔2004〕69 号）规定："一级评估报告报省（自治区、直辖市）国土资源厅（局）备案。"（注：城市轨道交通工程由于建设项目重要、地质环境复杂，通常为一级评估。）

2014 年 12 月 9 日，国土资源部（即现自然资源部）发布了《关于取消地质灾害危险性评估备案制度的公告》（2014 年第 29 号），取消地质灾害危险性评估备案制度，一级评估报告不再报送省级国土资源主管部门备案，二级评估报告不再报送市（地）级国土资源主管部门备案，三级评估报告不再报送县级国土资源主管部门备案；各级评估报告不再报送上级国土资源主管部门备查。涉及国务院法规和部门规章的管理制度按相关程序办理。

2016 年 5 月 19 日，《国务院关于印发清理规范投资项目报建审批事项实施方案的通知》（国发〔2016〕29 号）对投资项目报建审批事项（可研报告批复之后、开工建设之前）进行清理，明确提出涉及安全的 5 项强制性评估（职业病危害预评价、安全预评价、地质灾害危险性评估、气候可行性论证、地震安全性评价）不列入行政审批事项。文件还明确了如下原则："虽有法律法规依据，但已没有必要保留的，要通过修法取消审批。"

（二）地质灾害危险性评估工作的主要内容

地质灾害危险性评估工作主要是对工程建设用地及其影响范围（评估区）内的地质灾

害现状及其潜在地质灾害隐患地段进行调查，大致查明评估区内地质灾害类型和形成机制，预测工程建设中可能诱发或加剧的地质灾害的类型、地点、规模、诱发因素及危害程度和工程建设本身遭受地质灾害的危险性，对评估区地质灾害危险性和拟建工程场地适宜性作出综合评估，并提出相应的防治措施和建议，为项目建设用地审批和地质灾害防治提供科学依据。报告一般含有如下内容：

（1）查明评估区的地质环境条件和各类地质灾害的发育现状、分布特征以及对建设工程的危险性。

（2）评估工程建设引发或加剧地质灾害的类型和危险性及工程建设可能遭受地质灾害的类型和危险性。

（3）综合分析评估建设场地的适宜性。

（4）提出地质灾害防治措施与建议。

（三）地质灾害危险性评估工作在可研报批过程中的作用

（1）为前期研究单位编制可研报告提供专业可靠的指导意见，准确判断建设场地的地质环境条件和可能的地质灾害，并确保土建工程地质灾害防治措施的有效性。《国土资源部关于改进和优化建设项目用地预审和用地审查的通知》（国土资规〔2016〕16号）第二条第五点规定，改进地质灾害危险性评估的审查中，"位于地质灾害易发区的，应进一步核实建设单位是否按规定进行了地质灾害危险性评估"。

（2）为编制《用地方案规划》《安全预评价报告》《环境影响评价报告》等提供专业参考。[①]

（3）为办理用地预审、选址意见书以及后续的用地审查提供依据。《国土资源部关于改进和优化建设项目用地预审和用地审查的通知》（国土资规〔2016〕16号）第二条第五点规定，改进地质灾害危险性评估的审查中，"用地预审阶段，已不再对单独选址的审批类建设项目是否开展地质灾害危险性评估进行审查"，"省级国土资源主管部门在提交建设项目用地审查报告时，应对是否进行地质灾害危险性评估进行说明"。

（4）根据2019年3月26日《国务院办公厅关于全面开展工程建设项目审批制度改革的实施意见》（国办发〔2019〕11号）第二条第九点，推行区域评估。在各类开发区、工业园区、新区和其他有条件的区域，推行由政府统一组织对压覆重要矿产资源、环境影响评价、节能评价、地质灾害危险性评估、地震安全性评价、水资源论证等评估评价事项实行区域评估。实行区域评估的，政府相关部门应在土地出让或划拨前，告知建设单位相关建设要求。

---

① 简政放权后有所变化。

二、 工作依据

（1）市投资主管部门同意开展前期研究工作的批复文件（含相关研究经费来源）。

（2）线路工程可研报告。

三、 工作职责

（一）业主单位

（1）负责公开招标选择或直接委托地质灾害危险性评估单位，下达任务书。

（2）组织地质灾害危险性评估单位按期完成地质灾害危险性评估报告。

（3）组织可研单位提供线路走向和可研报告等资料。

（4）组织勘察单位及时提供工程地质、水文地质等相关勘察成果资料。

（5）组织地震安全性评价单位提供相关地质构造资料和地震安全性评价成果。

（6）组织环评单位提供环境影响评价成果。

（7）督促地质灾害危险性评估单位组织行业协会专家审查及备案登记。

（二）可研总体单位

可研总体单位负责协助评估单位正确解读线路路由及相关规划和建设方案。可研总体单位在线路方案或系统选型等发生变化时，有责任及时告知业主或评估单位，避免评估范围和内容与可研报告不一致。在相关评估方案出具初步意见时，可研总体单位有责任及时反馈意见，如接受则须落实到可研报告中，如不接受则须与评估单位进行技术协调，可研总体单位有责任协调技术方案。

（1）协助提供线路具体走向、敷设方式与车站设置情况，含平纵面图，要求包括车辆段、停车场、主变电站、集中供冷等附属设施。

（2）协助提供线路的工程可研报告，以便评估单位了解工程的建筑设计和施工工法。

（3）配合业主，协助提供沿线道路红线和地形图资料。

（4）落实评估单位提出的相关地质灾害防治措施，保证地质灾害报告与可研报告的一致性。

（三）地质灾害危险性评估单位

评估单位须正确解读线路路由及相关规划和建设方案，在可研总体单位配合下，及时掌握线路站位最新方案，有责任及时告知业主或可研总体单位相关评价方案的意见，督促可研总体单位的及时反馈，并按时完成最终报告。

（1）调查评估区地质现状、地质灾害现状。

（2）预测地质灾害，评估地质灾害危险性。

（3）提出有效的防治措施。

（4）编制地质灾害评估报告。

（5）协助组织专家审查。

（6）协调自然资源部门或地灾协会备案工作。

（7）协助业主拿到备案文件。

（8）有责任提供成果，以便使其他承包商编制完成《用地规划方案》《规划选址论证报告》等。

（9）有责任提供成果，以便与可研报告相一致。

四、　项目申报要求

（一）地质灾害危险性评估申报的材料要求

（1）地质灾害危险性评估报告，包括正文、照片、附图、附件等。

（2）评估单位的地质灾害危险性评估资质和编著人员资质证书。

（3）线路所属近期建设规划批复。

（4）地质灾害危险性评估工作大纲。

（5）地质灾害危险性评估报告地质学会评审意见书。

（6）地质灾害危险性评估报告专家组审查意见。

（7）地质灾害危险性评估报告成果质量等级评定表。

（8）地质灾害危险性评估项目委托合同。

（9）地质灾害危险性评估报告备案登记表（需评价单位和业主单位盖章）。

（二）地质灾害危险性评估申报

地质灾害评估报告备案登记权力下放至省地质灾害防治协会，申报形式为审查登记。

（三）办理时限和经办处室

报告送审后 7~15 个工作日内组织安排专家评审，经专家评审通过并修改报告后取得专家意见，送往省地质灾害防治协会审查登记。

五、　成果文件及要求

（一）成果文件

（1）省地质灾害危险性防治协会审查登记（或省自然资源厅备案登记批复）。

（2）地质灾害危险性评估报告地质学会评审意见书。

（3）地质灾害危险性评估报告专家组审查意见。

（4）地质灾害危险性评估报告成果质量等级评定表。

（5）地质灾害危险性评估报告。

（6）地质灾害危险性综合分区评估图（地质灾害危险性评估报告附图）。

（7）地质灾害分布图（地质灾害危险性评估报告附图）。

（二）地质灾害危险性评估报告基本章节与深度

（1）明确工作评估范围与级别。

（2）地质环境条件，对气象、水文、地形地貌、地层与岩石等进行全方面调研。

（3）地质灾害危险性现状评估，对所有地质灾害类型及特征进行说明，并对现状进行评估。

（4）地质灾害危险性预测评估，首先预测判断可能引发或加剧的地质灾害类型，结合工法对沿线工程进行分区或分站场判断，判断这些类型灾害的危险性等级，判断的同时需详细说明评估的方法和指标。

（5）地质灾害危险性综合评估及防治措施，明确综合分区评估要素和量化指标，合理分区，并结合工法描述各个分区的主要地质灾害类型及其特征；确定适宜性分级原则，结合工法对各个分区进行适宜性判断，并提出相应处理措施建议。

（6）结论与建议。

（7）地质灾害危险性评估报告照片集，需相应说明里程位置和镜头角度。

（8）地质灾害危险性综合分区评估图（地质灾害危险性评估报告附图），1∶25 000比例，含平面分区图、剖面分区图、防治措施表、适宜性评估表以及各类灾害图例。

（9）地质灾害分布图（地质灾害危险性评估报告附图），1∶25 000比例，含平面分布图、地质剖面图、地质柱状图以及各类灾害图例。

六、 合同委托

（一）资质要求

根据《地质灾害危险性评估单位资质管理办法》第十一、十二条，轨道交通属于一级地质灾害危险性评估项目（根据工程重要性和地质环境条件的复杂性综合判断项目等级），应由取得甲级地质灾害危险性评估资质的单位承担。根据2022年11月8日发布的《地质灾害防治单位资质管理办法》（中华人民共和国自然资源部令第8号）第四条、第五条、第九条、第十一条，一级地质灾害危险性评估项目只能由具有甲级资质（资质专业是地质灾害评估）的地质灾害防治单位承揽。

（二）委托方式

由于市场上从事本项工作的单位较多，地质灾害危险性评估合同通常采取公开招标或比选竞价形式进行委托，以体现市场化竞争。原则上采取公开招标。

（三）计价原则

根据 2015 年 2 月 11 日所发的《国家发展改革委关于进一步放开建设项目专业服务价格的通知》（发改价格〔2015〕299 号），与建设项目前期工作有关的咨询等服务项目全面放开服务价格，实行市场调节。

以往合同价格并无约定的固定单价，但价格构成表中须列明各项工作的工作量、工作标准及收费。价格构成表中列明的各项工作量与工作标准应能满足合同约定的报告深度要求。对于合同价格影响较大的工作有专项环境地质和地质灾害调查与测绘、地质剖面测量、地质图绘图、地质灾害绘图、报告编写等。

第十六章

地震安全性评价

一、 工作内容及流程

（一） 开展地震安全性评价工作必要性和工作要求演变

《地震安全性评价管理条例》（2019 年修订版第十三条与 2002 年版第十九条相同） 规定：县级以上人民政府负责项目审批的部门，应当将抗震设防要求纳入建设工程可研报告的审查内容。对可研报告中未包含抗震设防要求的项目，不予批准。

1995 年 10 月 12 日，《广东省工程建设场地地震安全性评价工作管理规定》（粤府〔1995〕85 号） 第六条、第八条、第九条要求地震基本烈度Ⅵ度以上 （含Ⅵ度） 地区的地下铁道工程项目，应在工程立项论证前期进行其建设场地地震安全性评价工作 （因特殊原因未进行地震安全性评价的工程可在抗震设计前补做这一工作），且必须通过省地震局、省建委等部门专家组成的省地震安全性评定委员会 （或国家烈度评定委员会） 的技术评审。

2000 年 2 月 22 日，《关于加强重要工程建设场地地震安全性评价工作的通知》（粤府〔2000〕20 号），基于粤府〔1995〕85 号文所指的重要工程项目，明确提出地震安全性评价工作应在编制工程项目可研报告或者初步设计方案时开展。该通知同时指出对不需进行地震安全性评价的工程项目，可直接使用中国地震烈度区划图 （1990） 所标示的烈度值。

2015 年 12 月发布的《中国地震局关于贯彻落实国务院清理规范第一批行政审批中介服务事项有关要求的通知》（中震防发〔2015〕59 号） 和《需开展地震安全性评价确定抗震设防要求的建设工程目录》（下称《目录》） 明确要求：特殊设防类 （甲类） 城市基础设施工程才需要开展安评 （地震安全性评价的简称） 工作；在开展抗震设防要求确定行政审批时，不再要求申请人提供地震安全性评价报告，《目录》 所列工程，由审批部门委托有关机构进行地震安全性评价，即不再需要建设单位委托开展地震安全性评价工作。

同时，根据《目录》 第四条 “城市基础设施工程” 所提两项标准，即国家标准 GB 50223—2008《建筑工程抗震设防分类标准》 和国家标准 GB 50909—2014《城市轨道交通结构抗震设计规范》，一般城市轨道交通工程应为 “重点设防类”，不属于 “特殊设防类（甲类）"，不需开展地震安全性评价工作。

2016 年 5 月 19 日，《国务院关于印发清理规范投资项目报建审批事项实施方案的通知》（国发〔2016〕29 号）对投资项目报建审批事项（可行性研究报告批复之后、开工建设之前）进行清理，明确提出涉及安全的 5 项强制性评估（职业病危害预评价、安全预评价、地质灾害危险性评估、气候可行性论证、地震安全性评价）不列入行政审批事项。文件还明确了如下原则："虽有法律法规依据，但已没有必要保留的，要通过修法取消审批。"

2016 年 11 月下发的《中国地震局关于贯彻落实国务院清理规范投资项目报建审批事项实施方案有关要求的通知》（中震防发〔2016〕44 号，下称《规范审批通知》），明确规定：地震安全性评价不列入行政审批事项，自通知发布之日起，一律不再审批地震安全性评价报告。《规范审批通知》后附《需开展地震安全性评估的建设工程目录（暂行）》（与《目录》要求一致），所列工程由建设单位委托有关机构开展地震安全性评估，评估结果由建设单位组织开展技术审查。

2019 年 3 月 26 日《国务院办公厅关于全面开展工程建设项目审批制度改革的实施意见》（国办发〔2019〕11 号）第二条第四点提出，地震安全性评价在工程设计前完成即可。第二条第九点提出，推行区域评估。在各类开发区、工业园区、新区和其他有条件的区域，推行由政府统一组织对压覆重要矿产资源、环境影响评价、节能评价、地质灾害危险性评估、地震安全性评价、水资源论证等评估评价事项实行区域评估。实行区域评估的，政府相关部门应在土地出让或划拨前，告知建设单位相关建设要求。

2022 年 7 月 12 日，《中国地震局关于进一步加强和规范重大工程抗震设防要求审定工作的通知》（中震防发〔2022〕19 号）提出要对重大工程的抗震设防要求进行审定，并制定相应的工程目录。需要由中国地震局审定的项目主要为三类：核工程、大型水利水电工程、跨省的国家重大工程。

2022 年 12 月 13 日，广东地震局印发《广东省重大工程抗震设防要求审定行政许可实施细则（暂行）》和《广东省地震安全性评价管理实施细则（暂行）》（粤震〔2022〕89 号）。细则附件中明确了需要由省地震局审定的项目范围，其中与城市轨道交通有关的是在城市轨道交通网络中占据关键地位、承担交通量大的大跨度桥梁和车站的主体结构，并提出建设单位应当在施工图设计之前完成安评。

综上所述，城市轨道交通一般情况下不需要单独开展安评工作，但特殊节点仍然需要，其工作阶段由原先的立项阶段调整为施工图设计之前。无论是特殊节点单独开展安评，还是采用区域评估成果要求，抗震设防始终是设计工作中不可缺失的环节。本章后续内容仅为读者参考。

（二）地震安全性评价工作的主要内容

工程场地地震安全性评价是工程抗震设防工作的一个重要环节，提供的报告是重大建设工程抗震设计的重要依据。报告一般含有如下内容：

（1）区域及近场区地震活动环境与地震构造环境（区域范围取场地外延150千米，对地震活动的时间、空间分布特征进行评价）。

（2）近场区地震构造与地震活动性（近场区取场地外延25千米，评价主要断层活动性，综合判定发震构造及其震级上限）。

（3）场地地震工程地质条件勘测（一般每个车站各布设2个工程地震钻孔，结合选线勘察成果，综合评价地质条件：判断地貌类型和地质构造特征，划分工程地质单元，判定工程场地类别，测定地面脉动卓越周期）。

（4）场地震害评价（结合地震和可能发生的地质灾害，如地基土液化、软土震陷、地表断层、崩塌、滑坡、地裂缝、泥石流、海啸、湖涌等进行评价）。

（5）场地地震危险性概率分析（划分主要潜在震源区，计算本场地概率烈度下的基岩加速度峰值）。

（6）场地地震动参数的确定（主要包括场地地面地震动加速度峰值、地面设计规准加速度反应谱、地面水平加速度时程、综合设计地震系数等）。

（三）地震安全性评价（含区域评估的成果要求）在可研报批过程中的作用

（1）为前期研究单位编制可研报告提供专业可靠的指导意见，准确判断建设场地的地震地质灾害。明确本项目抗震设防要求，为可研工作，甚至后续设计阶段进行工程抗震设计与实施工作，提供场地设计地震动参数（主要包括场地地震概率烈度、地面地震动加速度峰值、地面设计规准加速度反应谱、地面水平加速度时程、综合设计地震系数等）。

（2）为编制《地质灾害危险性评估》《规划选址论证报告》《安全预评价报告》《环境影响评价报告》等提供专业参考。

（3）为办理选址意见书提供依据。

二、 工作依据

（1）市投资主管部门同意开展前期研究工作的批复。
（2）线路工程可研报告。

三、 工作职责

（一）业主单位

（1）负责公开招标选择或直接委托地震安全性评价单位，下达任务书。
（2）组织地震安全性评价单位按期完成地震安全性评价报告。

（3）组织可研单位提供线路走向和可研报告或设计文件等资料。

（4）组织勘察单位及时提供工程地质、水文地质等相关勘察成果资料。

（5）组织地质灾害危险性评估单位提供相关地质灾害危险性评估成果。

（6）组织环评单位提供环境影响评价成果。

（7）督促地震安全性评价单位组织行业协会专家审查，组织地震安全性评价单位上报地震部门申请批复。

（二）可研总体单位

可研总体单位负责协助评价单位正确解读线路路由及相关规划和建设方案。可研总体单位在线路方案等发生变化时，有责任及时告知业主或评价单位，避免评价范围和内容与可研报告不一致。

（1）协助提供线路具体走向、敷设方式与车站设置情况，含平纵面图，要求包括车辆段、停车场、主变电站、集中供冷等附属设施。保证地震安全性评价报告评价范围与可研报告的一致性。

（2）协助提供线路的可研报告或设计文件，以便评价单位了解工程的建筑设计和施工工法。

（三）地震安全性评价单位

评价单位须正确解读线路路由及相关规划和建设方案，在可研总体单位配合下，及时掌握线路方案的最新方案，有责任及时告知业主或可研总体单位相关评价方案的意见，按时完成最终报告。

（1）调查区域（半径大于 300 千米范围）地震地质环境，绘制 1∶100 万比例的地震构造图。

（2）分析区域（半径大于 300 千米范围）地震活动特征，绘制 1∶250 万比例的破坏性地震震中分布图、小震震中分布图、区域地震活动时序分布图。

（3）分析近场（半径 25 千米范围）地震构造和地震活动特征，绘制 1∶20 万比例的近场地震构造图，并综合评价近场地震构造对拟建工程的影响。

（4）潜在震源区划分及研究。

（5）场地工程地震条件勘察，进行钻孔及实验。

（6）编制地震安全性评价报告，含地震危险性概率分析、设计地震动参数确定等。

（7）组织专家审查。

（8）上报省地震部门审批。

（9）协助业主拿到批文。

（10）有责任提供成果，以便使其他承包商编制完成《地质灾害危险性评估》《用地规划方案》《规划选址论证报告》等。

（11）有责任提供成果，以便与可研报告相一致。

四、 项目申报要求

（一） 地震安全性评价报告申报的材料要求

申请建设工程地震安全性评价结果审定及抗震设防要求确定行政许可，应当提交以下材料：

（1）重大工程抗震设防要求审定行政许可申请表。

（2）地震安全性评价报告。

（3）地震安全性评价项目委托合同。

（4）评价单位的地震安全性评价资质和编著人员资质证书。

（5）承担地震安全性评价工作的单位受工程建设单位委托提出申请的，应当提供建设单位签署的委托书。

（二） 地震安全性评价许可管理与审定部门

依据《中华人民共和国防震减灾法》《地震安全性评价管理条例》《省防震减灾条例》，按照广东地震局印发《广东省重大工程抗震设防要求审定行政许可实施细则（暂行）》和《广东省地震安全性评价管理实施细则（暂行）》（粤震〔2022〕89号，2022年12月13日发布）的管理要求，报请省地震局审定。

（三） 办理流程

（1）业主单位或者由其委托的地震安全性评价单位向省地震工作部门提出书面申请。

（2）省地震工作部门收到行政许可申请材料后，应进行形式审查，内容如下：提供完整的资料、进行地震安全性评价的依据、评价机构的执业能力、技术负责人的专业能力，及地震安全性评价报告的编写格式、主要技术思路和结果表述形式。根据形式审查结果决定受理或不予受理行政许可申请，并出具加盖本实施机关专用印章和注明日期的书面凭证，及时告知申请人。

（3）省地震工作部门从地震安全性评价专家库中抽取专家组成技术审查组（以往为省地震安全性评定委员会），对受理的申请单位提交的地震安全性评价报告开展技术审查。评价单位要根据技术审查意见，及时完成报告的修改完善工作。

（4）省地震工作部门根据技术审查意见，结合建设工程特性确定建设工程的抗震设防要求，出具行政许可书面决定，并通知申请单位和建设工程所在地的市、县地震工作部门。

五、　成果文件及要求

（一）　成果文件

（1）　省地震局审定文件。

（2）　技术审查专家组（以往为省地震安全性评定委员会）技术审查意见。

（3）　地震安全性评价报告。

（二）　地震安全性评价报告基本章节与深度

（1）　区域地震活动性及地震构造综合评价。调查区域（半径大于 300 千米或 150 千米范围）地震地质环境，绘制 1∶100 万比例的地震构造图；分析区域（半径大于 300 千米或 150 千米范围）地震活动特征，绘制 1∶250 万比例的破坏性地震震中分布图、小震震中分布图、区域地震活动时序分布图。

（2）　近场区地震活动性和地震构造评价。分析近场（半径 25 千米范围）地震构造和地震活动特征，绘制 1∶20 万比例的近场地震构造图，并综合评价近场地震构造对拟建工程的影响。

（3）　地震工程地质条件勘测。根据场地范围的地貌地形特点，在车站及车辆段附近布设工程地震钻孔，并编号。分析地层地质条件，调查地质构造特征，标明断裂带位置、走向以及活动性。对场地岩土力学性能进行测定：采集典型土样进行动三轴试验，编制工程地震钻孔柱状图，标明各土层剪切波速直方图，测定各孔位地面脉动及其功率谱。根据脉动周期、等效剪切波速和覆盖层厚度判断建筑场地类别。

（4）　地震地质灾害评价。对场地地震地质稳定性进行评估，主要是砂土液化判别、其他地震地质灾害（软土震陷、地表断层、地震滑坡、崩塌、地裂缝、泥石流、湖涌等）的初步判别。

（5）　地震烈度与地震动衰减关系。研究烈度随震级与距离的关系、基岩地震加速度峰值与距离的关系、基岩水平加速度反应谱周期衰减关系。

（6）　地震危险性概率分析。在地震带划分基础上，根据区域地震活动和地震构造两大特征，结合强震发生标志进行综合分析，划分潜在震源区（非唯一性），确定潜在震源区震级上限。再结合地震烈度与地震动衰减规律，考虑地震活动性参数（反映地震带内地震活动的空间非均匀性），采用合适的概率函数，计算出本工程场地各处 50 年不同超越概率（63%、10%、2%）的地震烈度值和基岩地震动参数。计算结果主要包括：概率地震烈度、概率基岩加速度峰值、概率基岩危险谱。

（7）　场地地震动参数的确定。一个局部工程场地受地震的影响，大致可以分为两个层次：一是从震源深处传至基地顶界的（输入）地震动强度和特征；二是透过场地土层的动力放大作用。对一个具体场而言，地震波的传播方向可简单视为向上入射，这是目前工程中广泛采用的一维分析模型。概率性分析确定的参数主要针对基岩，而局部场地条件对地表面的地震动有着十分重要的影响。在对场地土动力特性测试的基础上，通过土层的地震反应分析，最终确定场地地面的设计地震动参数。

六、 合同委托

（一）资质要求

根据 2002 年 2 月 27 日《地震安全性评价资质管理办法》第十三条，国家重大建设工程需由取得甲级地震安全性评价资质的单位承担。

2017 年 1 月 23 日，中国地震局印发《关于印发〈地震安全性评价管理办法（暂行）〉的通知》（中震防发〔2017〕10 号），明确建设单位应当将地震安全性评价成果交由第三方技术审查机构进行技术审查，并提出第三方技术审查机构目录由地震主管部门对外公布。

2017 年 12 月 1 日发布的《中国地震局关于取消地震安全性评价单位资质认定审批后加强事中事后监管的公告》（中国地震局公告第 29 号），强调工程建设单位或其他委托单位不得以任何方式，强制要求将地震安全性评价单位资质作为承揽地震安全性评价业务的条件，同时重申了中震防发〔2017〕10 号文中关于选择评价单位的要求（无资质要求，但对技术人员、技术装备、系统软件等配备条件有要求）。

（二）委托方式

通常采取公开招标或比选竞价形式进行委托，以体现市场化竞争。原则上采取公开招标。

（三）计价原则

根据 2015 年 2 月 11 日《国家发展改革委关于进一步放开建设项目专业服务价格的通知》（发改价格〔2015〕299 号），与建设项目前期工作有关的咨询等服务项目全面放开服务价格，实行市场调节。

本项目为总价包干的咨询合同。合同价格并无固定约定的单价，但价格构成表中需列明各项工作的工作量、工作标准及收费。价格构成表中列明的各项工作量与工作标准应能满足合同约定的报告深度要求。合同价格主要由实际工作消耗费用（即相关实验、计算费用）、资料收集费用以及基于实际工作消耗费用等按照一定比例计算出来的工作费、准备费、补贴费等构成。合同价格与钻孔数量直接相关。对于合同价格影响较大的工作主要有剪切波速测试、地面脉动测量、基岩水平加速度时程计算、水平向土层地震反应分析计算等费用项目。

除非线路站位方案的路由或起终点发生重大变化，一般不做变更处理。

第十七章

安全条件论证与安全预评价

一、 工作内容及流程

（一）开展安全条件论证和安全预评价工作的必要性

《建设项目安全设施"三同时"监督管理暂行办法》（国家安全生产监督管理总局令第 36 号）第七条规定，轨道交通建设项目在进行可研时，应当分别对其安全生产条件进行论证和安全预评价，报安全生产监督管理部门备案。2018 年 3 月之前，安全生产监督管理部门是国家安全生产监督管理总局。2018 年之后，安全生产监督管理部门是应急管理部。

《中华人民共和国安全生产法》第三十一条规定，生产经营单位新建、改建、扩建工程项目的安全设施，必须与主体工程同时设计、同时施工、同时投入生产和使用。安全设施投资应当纳入建设项目概算。

《建设工程安全生产管理条例》第八条规定，建设单位在编制工程概算时，应当确定建设工程安全作业环境及安全施工措施所需费用。第十条规定，建设单位在申请领取施工许可证时，应当提供建设工程有关安全施工措施的资料。依法批准开工报告的建设工程，建设单位应当自开工报告批准之日起 15 日内，将保证安全施工的措施报送建设工程所在地的县级以上地方人民政府建设行政主管部门或者其他有关部门备案。

2015 年 4 月 2 日，《国家安全监管总局关于修改〈《生产安全事故报告和调查处理条例》罚款处罚暂行规定〉等四部规章的决定》（国家安全生产监督管理总局令第 77 号）对上述 36 号令进行了修改，明确可研阶段应当做的安全预评价的项目目录中没有列出"城市轨道交通"，但保留"法律、行政法规和国务院规定的其他建设项目"。

2015 年 1 月 12 日，《国家发展改革委关于加强城市轨道交通规划建设管理的通知》（发改基础〔2015〕49 号）所附《城市轨道交通工程项目可行性研究报告编制和评估大纲》明确安全评估是项目适应性分析内容，并要求"结合项目特点开展针对性研究"。

2016 年 5 月 19 日，《国务院关于印发清理规范投资项目报建审批事项实施方案的通知》（国发〔2016〕29 号）对投资项目报建审批事项（可研报告批复之后、开工建设之前）进行清理，明确提出涉及安全的 5 项强制性评估（职业病危害预评价、安全预评价、地质灾害危险性评估、气候可行性论证、地震安全性评价）不列入行政审批事项。文件还明确了如下原则："虽有法律法规依据，但已没有必要保留的，要通过修法取消审批。"

目前，安全条件论证内容已并入安全预评价报告中，安全预评价已不需政府部门审批，但各建设单位仍然需要在可研阶段完成安全预评价报告，通过专家审查后自行存底备查。

（二）安全条件论证和安全预评价工作的主要内容

1．安全条件论证

对建设项目的可研报告和设计报告中有关的安全条件进行论证，以论证建设项目的安全条件是否符合国家规定的条件。目前尚无安全条件论证报告技术要求，安全条件论证报告一般含有如下内容：

（1）建设项目内在的危险和有害因素及对安全生产的影响。

（2）建设项目对周边法律法规予以保护的区域安全影响。

（3）建设项目与周边设施（单位）生产、经营活动和居民生活在安全方面的相互影响。

（4）当地自然条件对建设项目安全生产的影响。

（5）其他需要论证的内容。

2．安全预评价

安全预评价也称风险预评价，出发点是从设计上实现建设项目的本质安全化，运用定量或者定性的方法，对建设项目或者生产经营单位存在的职业危险因素和有害因素进行识别、分析和评估，并提出相应措施。安全预评价作为该项目初步设计中劳动安全卫生设计和建设项目劳动安全卫生管理的主要依据，供安全生产监督管理部门作为监察的参考。安全预评价报告综合了安全条件论证报告中各种危险和有害因素分析，合理划分评价单元并正确选择相应评价方法，提出各专业生产安全技术对策措施和运营安全管理措施。一般情况下，报告分四类评价单元：

（1）劳动安全初步评价（即对建设工程线路选择、平面布置、建筑防火、作业环境、社会环境等方面利用安全检查表及类比的方法进行分析评价）。

（2）预先危险性分析评价（主要对象为轨道交通运营过程中存在的行车碰撞、行车脱轨、火灾、爆炸、电击、突发事件、乘客生存空间降级、人员碰伤、人员摔倒、人员夹伤、自然环境影响因素等潜在事故以及车辆、轨道、供电系统、信号系统、通信系统、电力监控系统、隧道通风系统、售检票系统、屏蔽门等核心设备）。

（3）车站及隧道火灾安全性模拟（针对车站列车火灾、站台火灾、区间隧道列车火灾等不同火灾场景下的火灾增长、延期扩散、烟气控制进行数值模拟，并提出相应对策与措施）。

（4）地下车站围岩稳定安全性模拟（对车站施工过程中土体和结构应力重新分布过程进行数值模拟，分析结构与围岩土体受力状态、沉降变化，提出保障安全的建议与措施）。

（三）安全条件论证和安全预评价工作在可研报批过程中的作用

为前期研究单位编制可研报告提供专业可靠的指导意见，准确全面判断建设项目在建设、运营中的危险及有害因素，划分合理的评价单元，提出合理可行的安全技术措施和管理措施，为项目安全管理及事故的预防和应急管理部门试行安全监察提供依据。

二、 工作依据

（1）市投资主管部门同意开展前期研究工作的批复（含相关研究经费来源）。
（2）线路工程可研报告。

三、 工作职责

（一）业主单位

（1）负责公开招标选择或直接委托安全预评价单位，下达任务书。
（2）组织安全预评价单位按期完成安全条件论证报告和安全预评价报告。
（3）组织可研单位提供线路走向和可研报告等资料。
（4）组织勘察单位及时提供工程地质、水文地质等相关勘察成果资料。
（5）组织地质灾害危险性评估单位提供相关地质危险性评估成果。
（6）组织环评单位提供环境影响评价成果。
（7）组织地震安全性评价单位提供地震安全性评价成果。
（8）督促安全预评价单位组织行业协会专家审查，组织安全预评价单位上报省应急管理厅申请备案。

（二）可研总体单位

可研总体单位负责协助评价单位正确解读线路路由及相关规划和建设方案。可研总体单位在线路方案或系统选型等发生变化时，有责任及时告知业主或评价单位，避免评价范围和内容与可研报告不一致。在相关评价方案出具初步意见时，可研总体单位有责任将意见及时进行反馈，如接受则需落实到可研报告中，如不接受则需与评价单位进行技术协调，可研总体单位有责任协调技术方案。

（1）协助提供线路具体走向、敷设方式与车站设置情况及建筑形式，含平纵面图，要求包括车辆段、停车场、主变电站、集中供冷等附属设施。保证安全条件论证报告和安全预评价报告评价范围与可研报告的一致性。

（2）协助提供线路的工程可研报告稿件，以便评价单位了解工程的各项系统设计情况、建筑设计、施工工法以及项目周边社会和自然情况。

（三）安全条件论证和安全预评价单位

评价单位须正确解读线路路由及相关规划和建设方案，在可研总体单位配合下，及时掌握线路方案、系统选型、土建施工等最新方案，有责任及时告知业主或可研总体单位相关评价方案的意见，并督促可研总体单位及时反馈，按时完成最终报告。根据《建设项目安全设施"三同时"监督管理暂行办法》（国家安全生产监督管理总局令第 36 号）第七、八、九条，轨道交通等行业的国家和省级重点建设项目，应当对其安全生产条件进行论证和安全预评价，并编制报告。

（1）对工程采用的设备设施及工艺符合性进行论证；对地方政治、经济的影响进行分析论证；评估工程对居民区等各类保护区域的影响，分析论证工程沿线与周边设施的相互影响，分析评估地质条件、水文条件、气象条件、地震等自然条件对工程的影响程度，并提出相应的对策措施。

（2）分析辨识工程的危险因素、可能存在的危险有害因素。

（3）分析评价可能存在的有害因素，查找存在的安全隐患，查找有害因素存在的部位及危害程度，查找各系统安全设施设计中存在的不足之处，并提出相应的对策措施。

（4）模拟计算地下车站、隧道等火灾危险分析，模拟分析地下车站及隧道的稳定性。

（5）根据定性定量评价，提出相应的安全技术措施及安全管理措施，为本工程初步设计的安全专篇提供依据。

四、项目申报要求

申报工作已取消，下列内容仅供参考。

（一）安全条件论证和安全预评价报告申报的材料

（1）安全预评价报告备案申请表。

（2）安全预评价委托合同。

（3）评价单位的安全评价资质和编著人员资质证书。

（4）安全预评价报告书（申请备案稿）。

（5）建设项目立项批复。

（6）建设项目可研报告。

（7）建设项目地质勘察报告。

（8）其他所需提交的材料。

（二）安全条件论证和安全预评价报告备案申报

建设单位应当对提交的备案材料真实性、合法性承担法律责任，相应负责的安全生产监督管理部门收到建设单位提交的备案材料后，应当在 20 个工作日内办理备案手续。负责备案的安全生产监督管理部门可对建设项目安全预评价报告进行质量抽查。

（三）办理流程

（1）业主单位或者由其委托的安全评价单位向省应急管理部门提出书面申请。

（2）省应急管理部门收到行政许可申请材料后，应进行形式审查，内容如下：提供资料的完整性、进行评价的依据、资质证书的业务范围、技术负责人执业资格审核，及报告的编写格式、主要技术思路和结果表述形式。根据形式审查结果决定受理或不予受理行政许可申请，并出具加盖本实施机关专用印章和注明日期的书面凭证，及时告知申请人。

（3）省应急管理部门组织有关专家，对受理的申请单位提交的安全预评价报告进行评审。

（4）省应急管理部门根据专家评审意见，结合建设工程实际情况，出具行政许可书面决定，并通知申请单位和建设工程所在地的市、县应急管理部门。

五、 成果文件及要求

（一）成果文件

（1）省应急管理部门的备案登记（简政放权前）。

（2）专家评审意见。

（3）安全条件论证和安全预评价成果报告。

（二）安全条件论证和安全预评价报告的基本章节与深度

1．安全条件论证

（1）说明安全条件论证的目的和依据，以及评价范围。

（2）说明工程概况、自然地理状况，以及线路设计、车站建筑、结构工法、运营管理组织机构和定员情况。

（3）对建设、运营过程中的危险因素以及周边设施的有害因素进行分析，辨识重大危险源。

（4）论证建设项目的设备及工艺符合性，以及对国家及地方政治、经济的影响分析。

（5）分析建设项目对居民区、商业中心、学校、医院、供水水源、水源保护区、交通干线、重要机场码头、基本农田、农业生产基地、风景名胜区、自然保护区等的影响。

（6）分析周边生产经营活动、周边应急救援设施、沿线规划建筑等与工程的相互影响。

（7）分析工程地质、水文、地震条件、雷电、风雨、高温、高湿等影响因素。

（8）对本工程项目是否具备安全条件作出结论。

2. 安全预评价报告

（1）说明安全预评价的目的和依据，以及评价范围、评价原则和评价程序。

（2）说明工程概况、自然地理状况，以及线路设计、车站建筑、结构工法、运营管理组织机构和定员情况。

（3）对建设、运营过程中的危险因素以及周边设施的有害因素进行分析，辨识重大危险源。

（4）评价单元划分及评价方法选择。

（5）线路选择及平面布置安全分析评价、作业场所有害因素评价、社会环境安全分析评价。

（6）车辆系统、轨道工程、供电系统、信号系统、通信系统、车站建筑、结构工程、给排水、电梯与自动扶梯、防灾与自动报警系统、通风空调系统、环境与设备监控系统、车辆段与综合基地等安全检查表法评价。

（7）车站及隧道火灾模拟计算分析评价（具体计算过程可另做附件）。

（8）地下车站稳定性分析评价（具体计算过程可另做附件）。

（9）安全对策措施。针对各系统分别提出对策措施。

（10）事故应急救援预案。

（11）安全预评价综合结论。

六、 合同委托

（一）资质要求

根据《建设项目安全设施"三同时"监督管理暂行办法》（国家安全生产监督管理总局令第 36 号）第九条和《安全评价机构管理规定》（国家安全生产监督管理总局令第 22 号）第六条，国务院及其投资主管部门审批（核准、备案）的建设项目，必须由取得甲级资质的安全评价机构承担。

2019 年 3 月 20 日发布的《安全评价检测检验机构管理办法》（中华人民共和国应急管理部令第 1 号）的附件 1 中，安全评价机构业务范围已删除城市轨道交通行业，即本项目不再有资质要求。

（二）委托方式

通常采取公开招标、比选竞价或直接谈判形式进行委托。原则上采取公开招标。

（三）计价原则

根据 2015 年 2 月 11 日印发的《国家发展改革委关于进一步放开建设项目专业服务价格的通知》（发改价格〔2015〕299 号），与建设项目前期工作有关的咨询等服务项目全面放开服务价格，实行市场调节。合同估算价格可根据过往签订同类合同情况进行估算。

本项目为总价包干的咨询服务合同，除非线路站位方案发生重大调整（如起终点、路由发生较大变化等），原则上合同不做变更。

第十八章

卫生学预评价

一、 工作内容及流程

1987 年国务院颁布实施了《公共场所卫生管理条例》，卫生部也制定了相应的《公共场所卫生管理条例实施细则》（2011 年 3 月 10 日卫生部令第 80 号）。管理条例和实施细则规定了公共场所建设项目必须执行建设项目卫生评价报告书制度。卫生预评价报告可在建设项目可研阶段进行，应在施工设计前完成。[①]

根据《公共场所卫生学评价规范》（2019 年 5 月 10 日发布）3.1 条款，"公共场所预防性卫生学评价是对新建、改建和扩建公共场所建设项目在可行性研究、设计、施工、竣工验收阶段进行的综合性卫生学评价。（注：具体可分为公共场所建设项目卫生学预评价设计卫生学评价、施工卫生学评价、竣工验收卫生学评价。）公共场所经常性卫生学评价是对营业中的公共场所卫生状况、卫生设施运行效果和卫生管理进行的综合性卫生学评价"。

根据《广东省卫生健康委关于全面推开公共场所卫生许可告知承诺制工作的通知》（粤卫规〔2019〕9 号），"二是取消对新建、扩建、改建的公共场所的选址和设计进行卫生审查，并取消竣工验收"。

但由于城市轨道交通是重大市政工程，人流密集，从卫生健康本身角度出发，一般建设单位仍然会开展卫生学预评价工作，通过专家审查后自行存底备查。

（一）研究目的

对工程建成运营后可能产生的危害乘客健康的因素及拟采取的防护措施等进行卫生学预评价，编制卫生学预评价报告，为建设和运营过程提供卫生管理依据和建议。当前项目实际操作中，卫生学预评价批复不作为省投资主管部门受理线路可研报批的前置条件，受理线路可研申报时不需要提供卫生学预评价批复。

[①] 肖伟，徐凌忠，隋少峰，等. 公共场所建设项目卫生学评价现状及管理对策 [J]. 预防医学论坛，2008（4）：372 – 373.

（二）研究内容

通过对建设项目的可研报告进行研究，对车站的选址、构造、布局、列车及有关卫生设施等基础设计进行评估，将运营中的城市轨道交通站厅、站台、列车卫生状况调查检测结果和既往卫生监测的历史资料进行类比，分析建设项目可能产生的物理、化学、生物有害因素的种类、浓度或强度及其可能对乘客健康造成危害的程度，提出有关设施设计和建设相应卫生要求和卫生指标限值，并提出有关健康危害因素控制、运营过程卫生管理、完善项目规划建设和设施设计的措施和建议。

二、 工作依据

（1）市投资主管部门同意开展前期研究工作的批复（含工作费用来源落实）。

（2）线路可研报告。

三、 工作职责

（一）业主单位

（1）通过招标或者直接谈判确定项目委托单位，签订委托合同。

（2）管理项目，定期检查项目进度和阶段研究成果，确保评价单位按时按质完成工作。

（3）协调可研总体单位向评价单位提供工可报告等基础研究资料，在项目情况发生变更时及时知会评价单位变更内容，调整工作部署。

（4）组织参加专家评审会，听取与会专家意见，督促评价单位按照要求补充完善报告内容。

（5）跟踪项目批复。

（二）可研总体单位

（1）向评价单位提供可研报告终期成果。

（2）将研究结论纳入可研报告；在车站选址、构造、布局以及车辆和有关卫生设施设计中，严格落实卫生学预评价报告的意见与建议。

（3）及时通知评价单位项目变更信息并提供相关资料。

（三）卫生学预评价单位

（1）针对拟建项目，开展卫生学预评价工作；根据《公共场所卫生管理条例》等法律、法规、规章、标准和规范，对城市轨道交通中属于公共场所范畴的车站选址、构造、布局以及车辆和有关卫生设施等建设进行卫生学预评价。

（2）按照合同约定时间提交评价报告初稿，参加业主组织的验收审查会议，并根据业主意见修改完善报告。

（3）提交评价报告（送审稿），报告应满足国家相关法律法规和政策要求，完全具备报送卫生部门备案的条件。

（4）组织专家评估会议，并按照专家评估意见对评价报告进行修改；提交评价报告（最终稿），获得卫生部门的备案文件。

四、 项目申报要求

申报工作已取消，下列内容仅供参考。

根据《广东省卫生厅关于新、改、扩建公共场所建设项目预防性卫生审查的程序规定》（广东省卫生厅 2011 年 12 月 29 日以粤卫〔2011〕150 号发布，自 2012 年 1 月 30 日起施行）第三条规定，"候车（含地铁）室、候船室等公共交通等候场所"属于"本工作程序所称的公共场所"；第四条规定，"在本省行政区域内的公共场所新建、改建、扩建项目适用本程序"；第五条规定，"县级以上卫生行政部门负责辖区内的公共场所建设项目预防性卫生审查工作"。

根据《关于下放公共场所卫生许可审批权限的通知》（2012 年 9 月 4 日），已"将'公共场所卫生许可'下放至县级以上政府，请按照规范效能、权责一致的原则依法依规做好公共场所卫生许可工作"。

卫生学预评价报告送卫生部门备案前，需由评价单位组织专家审查，获得专家评审意见后报送。

五、 成果文件及要求

卫生学预评价报告编制的主要内容如下：

根据《公共场所卫生管理条例》等法律、法规、规章、标准和规范，对城市轨道交通中属于公共场所范畴的车站选址、构造、布局以及车辆和有关卫生设施等建设进行卫生学预评价。

（1）预测工程建设可能产生的物理、化学、生物有害因素的浓度或强度及可能对乘客健康造成的危害程度，提出完善项目工程建设的建议。

（2）评价站厅、站台等建筑物选址、构造、布局和装修能否达到卫生标准和要求，提出预防与控制有害因素的措施及建议。

（3）评价车辆和空调通风、采光照明、卫生间、给排水等卫生设施的规划和设计能否达到卫生标准和要求，提出使用和维护上述设施的卫生要求，以及运营过程的卫生管理措施和建议。

（4）通过对目前运营线路可类比的地下车站、列车的卫生状况进行调查和检测，结合既往卫生监测的历史资料进行类比分析，提出卫生间布设、污水处理、减振防噪、电磁辐射防护等卫生措施和建议，并提出改善卫生管理的措施和建议。

对工程建成运营后可能产生的危害乘客健康的因素及拟采取的防护措施等进行卫生学预评价。

六、合同委托

（一）资质要求

根据《广东省卫生厅关于公共场所卫生检验、检测、评价机构技术能力考核的管理办法》（广东省卫生厅 2011 年 12 月 29 日以粤卫〔2011〕150 号发布，自 2012 年 1 月 30 日起施行），要求"广东省范围内开展公共场所卫生检验、检测评价的机构需向卫生行政部门申请技术能力考核。技术能力考核工作实行分级管理，省级卫生行政部门负责市级疾病预防控制机构及疾病预防控制系统以外机构（以下称非疾控机构）的考核及管理工作，市级卫生行政部门负责辖区内县级疾病预防控制机构公共场所卫生检验、检测评价机构技术能力考核及后续管理工作"。

根据《关于下放公共场所卫生许可审批权限的通知》，本项目原则上委托具有公共场所卫生检验、检测评价机构技术能力考核合格证书①（应在正式委托后半年内保持有效）的市级及以上疾病预防控制机构完成。

2017 年 12 月 26 日《国家卫生计生委关于修改〈新食品原料安全性审查管理办法〉等 7 件部门规章的决定》（国家卫生和计划生育委员会令第 18 号）第二次修订的《公共场所卫生管理条例实施细则》删除了第三十四条第二条款"技术服务机构的专业技术能力由省、自治区、直辖市人民政府卫生行政部门组织考核"，即卫生学行业的技术服务机构没有专门的机构评定其资质。因此，本项目对投标单位无资质限制。

（二）委托方式

通常采取公开招标、比选竞价或直接谈判形式进行委托。

---

① 哈尔滨太平国际机场扩建工程（T2 航站楼及高架桥项目）《公共场所卫生学评价》报告书编制及相关服务招标公告（2015 年 1 月 6 日发布），要求投标人须具备黑龙江省卫生厅考核认定的《公共场所卫生技术服务机构专业技术能力考核合格证书》，该机构须是所在地为哈尔滨市的市级以上疾病预防控制机构，且在人员、技术、设备等方面具备相应能力；本项目拟派项目负责人需具有相关执业注册证书或高级职称证书。

（三）计价原则

根据 2015 年 2 月 11 日发布的《国家发展改革委关于进一步放开建设项目专业服务价格的通知》（发改价格〔2015〕299 号），与建设项目前期工作有关的咨询等服务项目全面放开服务价格，实行市场调节。合同估算价格可根据过往签订同类合同情况进行估算。本项目为总价包干的咨询服务合同，除非线路站位方案发生重大调整（如起终点、路由发生较大变化等），原则上合同不做变更。

第十九章

职业病危害预评价

一、 工作内容及流程

（一）评价目的

贯彻落实国家有关职业卫生的法律、法规、规章、标准和产业政策，从源头控制和消除职业病危害，防治职业病，保护劳动者健康；识别线路工程建设项目可能产生的职业病危害因素，并分析、评价其危害程度，确定该项目职业病危害类别，为职业卫生监管部门审批提供科学依据。确定线路工程建设项目在职业病防治方面的可行性，为其设计提供必要的职业病危害防护对策和建议。

（二）在可研报告申报工作中的作用

《中华人民共和国职业病防治法》（2018 年 12 月 29 日第十三届全国人民代表大会常务委员会第七次会议《关于修改〈中华人民共和国劳动法〉等七部法律的决定》第四次修正）第十七条规定："新建、扩建、改建建设项目和技术改造、技术引进项目（以下统称建设项目）可能产生职业病危害的，建设单位在可行性论证阶段应当进行职业病危害预评价。"

（三）项目最终目标

在简政放权前，项目职业病危害预评价报告需通过市职业安全健康协会（或国家法律法规及政策规定的有权进行审批的机构）的审批和备案。

2016 年 5 月 19 日，《国务院关于印发清理规范投资项目报建审批事项实施方案的通知》（国发〔2016〕29 号），对投资项目报建审批事项（可研报告批复之后、开工建设之前）进行清理，明确提出涉及安全的 5 项强制性评估（职业病危害预评价、安全预评价、地质灾害危险性评估、气候可行性论证、地震安全性评价）不列入行政审批事项。文件还明确了如下原则："虽有法律法规依据，但已没有必要保留的，要通过修法取消审批。"但各建设单位一般仍然会在可研阶段或初步设计前完成职业病危害预评价报告，通过专家审查后自行存底备查。

二、 工作依据

（1）市投资主管部门同意开展前期研究工作的批复（含工作费用来源落实）。

（2）线路工程可研报告。

三、 工作职责

（一）业主单位

（1）确定项目委托单位。

（2）负责合同委托、管理、支付工作，妥善保管项目文档。

（3）管理项目，定期检查项目进度和阶段研究成果，确保评价单位按时按质完成工作。

（4）协调可研总体单位向评价单位提供工可报告等基础研究资料，在项目情况发生变更时及时知会评价单位相关变更内容，调整工作部署。

（5）对研究成果予以初步把关，确保报告章节齐全、内容完整；参加专家评审会，听取与会专家意见，督促评价单位按照要求补充完善报告内容。

（二）可研总体单位

（1）需向评价单位提交已通过业主审查的可研报告初稿。

（2）经业主同意，可研总体单位需将评价结论及措施补充至可研报告中。

（3）及时通知评价单位项目变更信息并提供相关资料。

（三）职业病危害预评价单位

（1）编制项目的职业病危害预评价方案。

（2）针对拟建项目，开展职业病危害预评价工作。

（3）服从业主管理，按时参加业主组织的相关会议。按时提交评价报告，报告应满足国家相关法律法规和政策要求，完全具备报送相关政府行政部门审批的条件。参加业主组织的验收会议并根据业主意见修改完善报告。

（4）协助组织专家评估会议，出具专家评估意见。

四、 项目申报要求

申报工作已取消，下列内容仅供参考。

（一）基本材料

一般申请材料如下：

（1）建设项目职业病危害预评价报告审核申请书及公函。

（2）建设项目职业病危害预评价报告。

（3）建设单位和职业卫生专家对职业病危害预评价报告的评审意见。

（4）职业病危害预评价机构的资质证明。

（5）职业病危害预评价报告法律责任承诺书。

（6）其他相关材料。

（二）审批部门

通常为省市应急管理部门或职业安全健康协会。

（三）办理时限

收到申请之日起 3 个工作日内作出是否受理决定或出具补正通知书，自受理之日起 15 个工作日内予以批复，复杂情况可延至 20 个工作日。

五、　成果文件及要求

（1）职业病危害预评价报告。

评价报告章节可参照以往项目成果，一般包括以下主要部分：

①职业卫生名词术语。

②摘要。

③关键词。

④总论。

⑤现有企业概况。

⑥工程分析。

⑦类比调查。

⑧职业病危害因素识别、分析与评价。

⑨职业病危害防护措施分析。

⑩职业病危害评价。

⑪控制职业病危害的补充措施。

⑫结论。

⑬建议。

⑭附录、附件及附图。

（2）专家组评审意见。

六、 合同委托

（一）资质要求

根据国家卫健委 2017 年 7 月发布的《关于〈建设项目职业病防护设施"三同时"监督管理办法〉有关问题的说明》，依据《中华人民共和国职业病防治法》的相关规定，对于可能产生职业病危害的建设项目，建设单位在可研阶段应当进行职业病危害预评价。对于建设单位如何实施评价和设计工作，是需要委托专业技术服务机构进行还是自行实施，现行法律没有提出明确要求。但是，为保证建设项目职业病防护设施"三同时"工作质量、切实从源头控制职业病危害，对于大多数不具备能力的建设单位，建议其委托专业的职业卫生技术服务机构实施建设项目职业病危害预评价工作。

根据 2020 年 12 月 31 日国家卫健委发布的《职业卫生技术服务机构管理办法》第五条，国家卫健委对职业卫生技术服务机构实行资质认可制度，资质等级分为甲级和乙级两个等级。其中甲级资质由国家卫生健康委认可及颁发证书，乙级资质由省、自治区、直辖市卫生健康主管部门认可及颁发证书。根据《职业卫生技术服务机构管理办法》第六条，取得甲级资质的职业卫生技术服务机构，可以根据认可的业务范围在全国从事职业卫生技术服务活动；取得乙级资质的职业卫生技术服务机构，可以根据认可的业务范围在其所在的省、自治区、直辖市从事职业卫生技术服务活动。鉴于此，本项目投标人若非本省认定资质的机构，则需要甲级资质。

（二）委托方式

通常采取公开招标、比选竞价或直接谈判形式进行委托。

（三）计价原则

根据 2015 年 2 月 11 日《国家发展改革委关于进一步放开建设项目专业服务价格的通知》（发改价格〔2015〕299 号），与建设项目前期工作有关的咨询等服务项目全面放开服务价格，实行市场调节。本项目为总价包干的咨询服务合同，除非线路站位方案发生重大调整（如起终点、路由发生较大变化等），原则上合同不做变更。

附 图

城市轨道交通前期研究阶段总体工作流程示意图

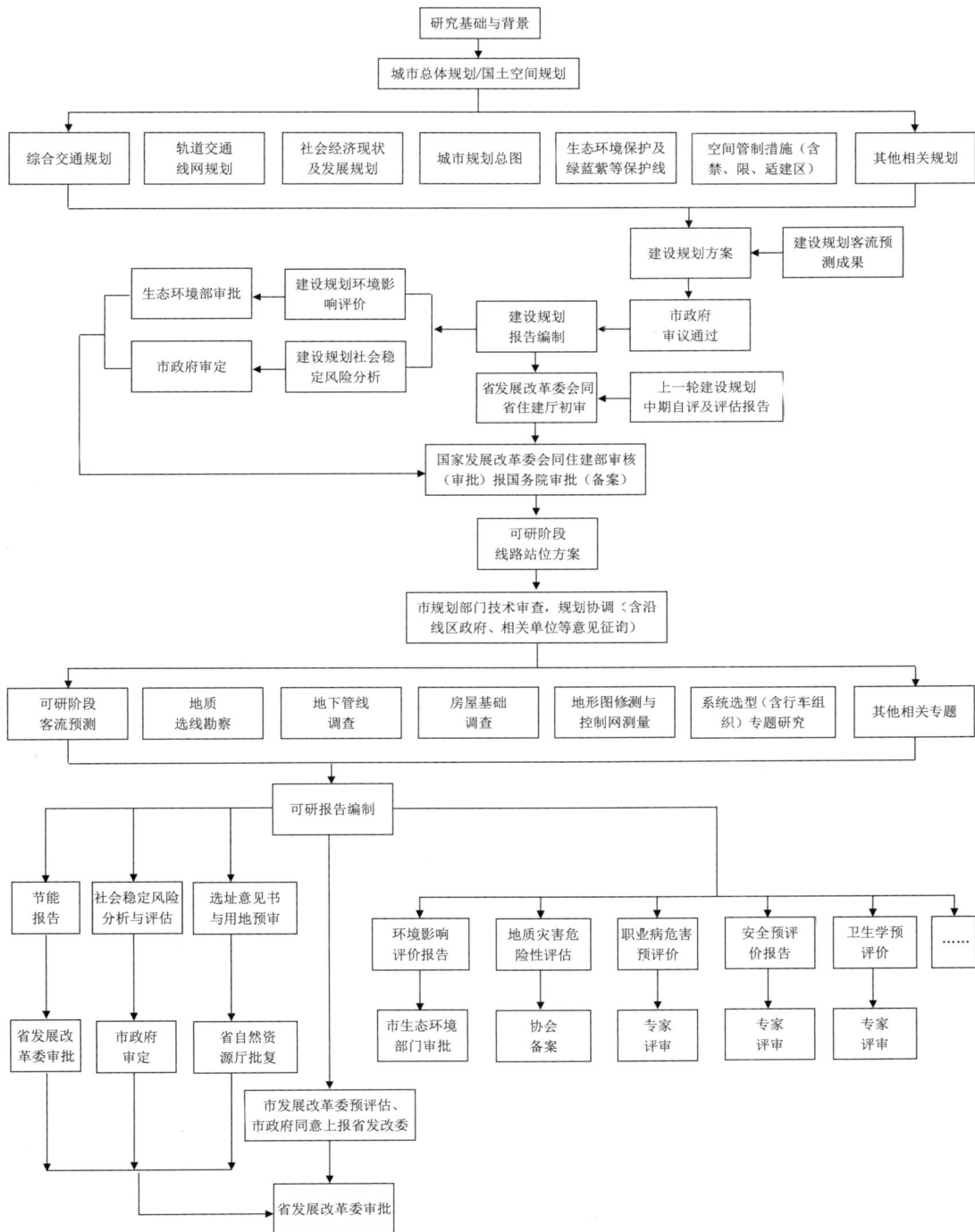

```
研究基础与背景
      │
城市总体规划/国土空间规划
```

综合交通规划	轨道交通线网规划	社会经济现状及发展规划	城市规划总图	生态环境保护及绿蓝紫等保护线	空间管制措施（含禁、限、适建区）	其他相关规划

```
                          建设规划方案 ← 建设规划客流预测成果
                               │
生态环境部审批 ← 建设规划环境影响评价 ← 建设规划报告编制 ← 市政府审议通过
市政府审定 ← 建设规划社会稳定风险分析
                               │
          省发展改革委会同省住建厅初审 ← 上一轮建设规划中期自评及评估报告
                               │
   国家发展改革委会同住建部审核（审批）报国务院审批（备案）
                               │
               可研阶段线路站位方案
                               │
市规划部门技术审查，规划协调（含沿线区政府、相关单位等意见征询）
```

可研阶段客流预测	地质选线勘察	地下管线调查	房屋基础调查	地形图修测与控制网测量	系统选型（含行车组织）专题研究	其他相关专题

```
                     可研报告编制
```

节能报告	社会稳定风险分析与评估	选址意见书与用地预审		环境影响评价报告	地质灾害危险性评估	职业病危害预评价	安全预评价报告	卫生学预评价	……
省发展改革委审批	市政府审定	省自然资源厅批复		市生态环境部门审批	协会备案	专家评审	专家评审	专家评审	

```
市发展改革委预评估、市政府同意上报省发改委
                  │
         省发展改革委审批
```